読書をする子は○○がすごい

榎本博明

日経プレミアシリーズ

プロローグ

すでに子どもたちの学力の二極化が進んでいる？

目まぐるしい技術革新によって、私たちは先の読めない時代を生きている。ＡＩ（人工知能）によってなくなる仕事は何か、生き残る仕事は何かといった議論が盛んだが、ＡＩの発達は私たちの職業を脅かすまでになっている。子どもたちは将来、私たちの想像も及ばない世界を生きることになるのだろう。

今の私たちにできるのは、この先どんな社会になるにしても、その社会の荒波を乗り越えるだけの知力を身につけていける教育的環境を与えることだ。まずもって大事なのは、子どもの知的好奇心を引き出すことである。学ぶ意欲さえあれば、その時々に必要なことを貪欲に学んでいける。

生後1年くらいで最初の言葉を発し、2歳くらいでしゃべり始めた子どもたちが、やがて字を覚え、絵本や児童書を読めるようになっていく。当初はあまり差がなかったはずなのに、いつの間にか、知的好奇心が強く、いろんな本を読み、知識や読解力を身につけながら自分の世界を広げていく子と、知的好奇心が乏しく、本を読むことなくスマホばかりいじり、知識も読解力も乏しく、狭い世界に閉じこもっている子に分かれていく。

2022年度から施行される高等学校学習指導要領によれば、たとえば国語の授業は、従来通りに文学中心に学ぶ授業と実用文中心に学ぶ授業に分かれることになる。それに対応して、文学を中心とした教科書と実用文を多く盛り込んだ教科書がつくられる。

このような教育改革に対しては、懸念を示す専門家も少なくない。詳細は本文に譲るが、なぜこのような改革が必要になったかと言えば、難解な文学作品どころか、ちょっとした通知事項などの実用文さえもきちんと理解できない子どもたちが増えているからなのだ。

いわゆる読解力が十分に身につかないままに義務教育を終えている。そのような生徒には、格調の高い小説や評論を学ばせている場合ではない、何よりも必要なのは実用文を学ばせることだ、そうでないと社会に出てから困ることになる。そう言われれば、確かにそうかもしれない。実際、実用文を理解できないためにさまざまなトラブルが生じている。

そこで、国語の授業で自治体の広報や契約書などといった実用文の読み方を学ばせようということになったわけだ。従来の国語の授業を受けて育った者からしたら、実用文の読み方を学ぶ国語の授業など想像しがたいのだが、それを必要とする生徒たちが目の前にたくさんいるという現実がある。

こうした動きは、この先中学や小学校にも及んでいくものと予想される。このような教育改革によって何が起こるかと言えば、子どもたちの学力の二極化である。

元々知的好奇心が旺盛で、本をよく読み、読解力を身につけている生徒は、実用文の読み方など改めて学ぶ必要がない。したがって、仮に授業で用いる教科書が実用文中心になったとしても、そんなものでは知的好奇心を満たせないため、個人的に小説や評論を読んで教養を身につけていくだろう。

一方、元々知的好奇心が乏しい生徒は、日頃から本をあまり読まず、読解力が乏しいため、国語の授業で実用文の読み方を学ぶことになる。授業でもあまり文学を扱わないとなれば、文学作品には生涯ほとんど触れることのない人生を送ることになるだろう。

それによって、文学や評論に親しんで想像力や思考力を磨き、また豊かな知恵を身につけた教養人と、実用文以外はほとんど読むことのない非教養人の二極化が進んでいくに違いない。

欧米は階級社会であり、元々そうした二極化を当然としてきたが、平等な扱いを好む日本人は、そのような知的階層形成を納得して受け入れることができるだろうか。

私がそのような懸念を書物や雑誌において表明したのに対して、教育現場の先生たちからさまざまな声が寄せられた。それをひと言でまとめると、やはり強い懸念をもっているものの、現実にはもうすでに二極化はかなり進んでおり、学校によっては授業で文学作品など扱える状況ではない、そんなものを読ませても無意味としか言えないといった現状があるようだ。

実際、心理学や教育社会学の分野では、子どもたちの学力格差が深刻視されている。すでに幼児期に語彙力の格差がみられ、それが小学校での学力に影響するというデータや、小学校入学時の語彙力の差は6年生になっても縮まっていないといったデータも示されている。言語面で恵まれている家庭の子どもと恵まれていない家庭の子どもでは、幼稚園に入るまでに耳にする単語の数に3万語以上の差が出るというデータや、小学校に入学するまでに語彙数に1万5千語の差が出るというデータもある。

そこで早期教育に走る親もいるわけだが、幼児期に勉強させる幼稚園に通った子よりのびのび遊ばせる幼稚園に通った子の方が語彙力が高いというデータもある。幼児期には遊びを通して学ぶこともたくさんあるのだ。では、子どものためにはどうしたらよいのか。そこをしっかり考えないといけない。

個人の自由や個性の尊重は学力格差を助長する？

日本の社会は、未熟な子どもにも大きな自由を与える希有な社会であるようだ。

前著『伸びる子どもは○○がすごい』（日経プレミアシリーズ）でも触れたが、今の10代後半から20代の若者がしつけを受け始めた、あるいはしつけを受けている最中であった2001年度の「家庭の教育力再生に関する調査研究」（文部科学省委託研究）では、家庭の教育力が低下している理由の1位は「子どもに対して、過保護、甘やかせすぎや過干渉な親の増加」（66・7％）であった。

甘い親が問題だという認識が広くもたれていたようだが、親が子どもにどのようなことを期待するかを調べた国際調査（「家庭教育に関する国際比較調査」国立女性教育会館、2004、2005年度）では、「親のいうことを素直に聞く」ことを子どもに強く期待するという親は、フランスで80・1％、アメリカでも75・2％と圧倒的多数なのに対して、日本ではわずか29・6％であった。また、「学校でよい成績をとる」ことを強く期待するという親も、アメリカでは72・7％、フランスでも70・1％と7割を超えているのに対して、日本ではわずか11・9％しかいなかった。

このような意識調査のデータをみると、子どもは未熟なのだから親が権威をもって子どもを厳しく鍛えたいと思っている欧米諸国とは対照的に、今の日本の親が子どもを自由にさせておきたいという思いを強くもっていることがはっきりわかる。

そうした自由の与え方は、子どものためになるのだろうか。自由にしていればいいとなったとき、元々素質的に知的能力が高い子や、生育過程で知的刺激を受けてきた子は、さまざまなことに知的好奇心を刺激され、本を読んだり勉強したりして、自発的に学ぶ存在になっていくだろう。一方、素質的にとくに知的能力が高いというほどではない子や、知的刺激をあまり受けずに育ってきた子は、自由にしていればよいといった状況では、自ら本を読んだり勉強したりということにはなりにくい。

たとえば、わからないことがあったとき、前者なら「もっと知りたい。わかるようになりたい」と思い、よりいっそう本を読んだり勉強したりするだろうが、後者は「つまらない。もう嫌だ」と言って放り出すことになりがちだ。そうなると基礎学力も自発的に学ぶ姿勢も身についていかない。

自主性の尊重とか、個性の尊重といった言葉には、全面的に良いことであるかのような響きがあるが、じつは今ある能力差という個性をそのまま容認することにもつながり、学力の格差を助長する側面ももっていることには注意が必要だ。

本を読めない、教科書も理解できない、自分の思っていることを文章にするだけの語彙力がない。そんな子どもや若者が多くなっているとされるが、それには学校教育が知識偏重教育から脱却する方向に傾いていることが関係しているのではないか。そうした状況で自由に漂う結果、語彙力や読解力に大きな差がつくようになっていると考えられる。

私たち人間は、とても弱い面をもっている。よほど強い覚悟がない限り、どうしても楽な方に流されてしまう。子どもの将来のためを思うなら、教育的な環境を整えるという意味での一定の外圧を与えることも必要だろう。

すれ違うコミュニケーションに潜む読解力の欠如

学力の基礎に読解力が深く関係していることは本文で詳しく解説するが、学力以外にも、私たちのものの見方や感じ方にも読解力が深く絡んでいる。

職場において人間関係のトラブルが非常に多くなっていることや、クレーマーが増えていること、さらには小学校でも暴力事件が急増し続けていることが深刻な社会問題となっているが、そこにも読解力の低下が関係しているとみることができる。

私たちの日常生活の中でも、相手にこちらの意図が伝わらなくて困ることがよくあるはずだ。

親切のつもりでアドバイスしたのに反発されたり、相手のためを思って取り計らってあげたのに曲解されて逆恨みされたりして、「なんでわかってくれないんだろう」と困惑する。

仕事のやり方が間違っていたり、行動が不適切だったりするため、その理由をていねいに説明しながら注意したのに、仏頂面をして、納得していない様子を見せるので、「なぜこんな当たり前の理屈が通じないんだろう」と苛立ちを感じる。そのような経験はだれにもあるだろう。

こうしたすれ違いは国語の文章読解問題を連想させる。小説を読み、状況描写や登場人物の発言を参考に、その人物の気持ちや発言の意図を読み取る。評論を読み、作者の言いたいことを読み取る。国語の授業や試験問題で、そうした課題に取り組んだことがあるはずだ。

そのような課題において、登場人物の気持ちや発言の意図を正確に汲み取ったり、作者の言いたいことを正確にとらえたりできる子もいれば、見当はずれな解答をする子もいる。そこには読解力が関係している。

そんなことは当たり前だと思われるかもしれない。でも、ともすると見逃されがちなのが、そうした文章の読解力が日常のコミュニケーションにも影響するということである。文章の読解力が欠けていると、人の言うことや人の態度の意味するところをうまく読み取ることができない。その結果、相手の意図を曲解したり、相手の気持ちを汲み取りそこなったりしてしまう。つまり、読解力は、学業成績に影響するのみならず、日常の人間関係にも大いに影響する。

小学校で暴力事件が急増し続けていることの背景には、しつけがなされていないことによる自己コントロール力の欠如ももちろんあると思われるが、人の気持ちを読み取ったり、相互の思いをうまく伝え合うことができないということもあるだろう。そこに読解力が関係している。

お互いに読解力が乏しいと、相手の言葉の意味を正確に読み取ることができない。その結果、それぞれが相手のことをわけがわからないと思ったり、自分勝手なことばかり言ってくると曲解したりしがちだ。

詳細は本文で解説するが、このように学業面にも生活面にも影響する読解力は、読書によって高まることがわかっている。読書には、言葉を覚えるというメリットがあるのに加えて、自分以外の視点に対する想像力を養うといったメリットもある。

たとえば、小説を読みながら登場人物の気持ちに感情移入して、一緒になって悔しがったり、楽しい思いを味わったり、憤りを感じたりしているうちに、人の気持ちに対する感受性が高まる。登場人物が意外な場面で怒り出したことから、そういう受け止め方をする人もいるんだなと思ったり、登場人物の落ち込みに対して、こんなことでそこまで落ち込むんだと思ったりする経験を通して、自分以外の視点に対する想像力が高まっていく。

評論を読み、日本人の行動パターンや心理的特徴の文化的背景を知ったり、著者の経験や価値観に触れたりすることで、日頃接している人たちが取る態度の意味がわかったり、どうしたらわかり合えるかのヒントがつかめたりする。

コミュニケーションのすれ違いの背景には、読書によって他者の視点に触れ、他者の立場やものの見方・感じ方に想像力を働かせる経験が乏しいといった事情があるのではないか。

無限の可能性をもつからこそ子ども時代の環境の影響は大きい

動物の生態を扱うドキュメンタリー番組などをみると、馬や牛、鹿などの高等哺乳類は、大人の小型版として生まれてくる。生まれた直後から足を踏みしめて立ち上がろうとする。何度も立ち上がろうとしてはよろめいて倒れることを繰り返しながら、その日のうちに立って歩けるようになる。人間の赤ちゃんが生まれたその日から歩き出したりしたら、それこそ大事件だ。そんなことは絶対にあり得ない。大人のように二足歩行をしたり言葉をしゃべったりするようになるには、およそ1年かかる。

何もしゃべらず泣くだけだった赤ちゃんが、生後1年くらいになるとはじめての言葉を発し、言葉をつぎつぎに覚え、2歳を過ぎる頃には一人前におしゃべりするようになる。何にでも好奇心を示し、「これ何?」「どうして?」などと質問攻めをしながら、言葉や概念を覚えていく。

そのうちひらがなが読めるようになると、店の名前、駅の名前、各種看板広告などの文字が目につくたびに読もうとする。やがて自分で字を書くようになり、「おとうさん、お誕生日おめでとう」「おとうさん、いつもお仕事してくれてありがとう」などと稚拙な字で書いた手紙をくれたりするようになる。

そうしているうちに学齢期に達し、学校で各教科の勉強をするようになる。何もできなかった赤ちゃんが、生後わずか6~7年でいろんな教科の勉強をするようになるのだから、大変な成長のペースと言わざるを得ない。

だが、そのペースには大きな個人差がある。大人の小型版として生まれてくる、人間以外の高等哺乳類と違って、非常に未熟な状態で生まれてくる私たち人間は、生後の環境の影響を強く受けながらさまざまな能力を発達させていく。そのため、環境の違いによって大きな個人差ができてくる。

それがどんどん拡大し、大学生になる頃には、書物に親しみ、語彙も豊かで読解力も高く、知識・教養の豊かな者から、読書などまったくせず、語彙も読解力も乏しく、知識も教養も乏しい者まで、幅広い個人差がみられるようになる。だからこそ子ども時代にどのような環境を与えるか、どのような刺激を与えるかが重要な意味をもつのである。

目　次

第3章　読書はほんとうに効果があるのか？

子どもの読書量と知的発達
読書が語彙力や読解力につながる
経験や知識の豊かさが読解力につながる
読書によって説得力ある意見を発信できるようになる
読書が言語能力に関係する神経繊維の発達を促す
知らない言葉がある本が知的発達を促進してくれる
自分以外の視点が手に入り、認知的複雑性が高まる
知らない世界が開け、知的好奇心が刺激される
非日常の世界を生きられる
想像力が飛翔し、発想が豊かになる
権力者は読書する人物を警戒する？

第　1　章

読解力の危機とは？

国際比較調査の問題からわかる読解力の危機

　日本の子どもたちの学力は世界のトップクラスにあると言ってよいが、世界の国々との比較において、ときどき順位を落として「学力の危機」と騒がれることがある。それが、２００３年および２０１８年の読解力低下の危機と言われるものだ。

　学力の国際比較データとしてよく参照されるのが、経済協力開発機構（ＯＥＣＤ）が２０００年から3年ごとに各国の15歳（日本では高校1年生）を対象に実施している学習到達度調査「ＰＩＳＡ」である。

　ＰＩＳＡでは、わかりやすく言えば、数学、科学、読解力の３つの能力をテストによって測っている。読解力の危機と騒がれたのは、２０００年の8位から２００３年に14位と大きく順位を落としたときだった。その読解力低下の衝撃が、ゆとり教育の見直しにつながっていった。

　その後、読解力に関しては改善がみられ、世界のトップ水準を維持していたのだが、２０１９年12月3日に発表された２０１８年の結果によって、日本の子どもたちの読解力の低下の危機が改めて注目されることとなった。日本は、数学（6位）と科学（5位）はこれまで同様に世界のトップ水準を維持したが、読解力は前回の8位から15位に大きく順位を落としたのだ。だが、こうした順位に一喜一憂するよりも、学力の実態に目を向けることが大切だ。

この学力調査において出題された読解力の問題の一部が公表されている。実際の問題と正解、そして正答率をみてみよう。

問題文そのものは長くなるので省略するが、書評の体裁をとる問題文の中から、以下の5つの文をそのまま抜き出してあり、それぞれの文が「事実」であるか「意見」であるかを問うものとなっている。

①本書には、自らの選択とそれが環境に与えた影響によって崩壊したいくつかの文明について書かれている。
②中でも最も気がかりな例が、ラパヌイ族である。
③彼らは有名なモアイ像を彫り、身近にあった天然資源を使ってその巨大なモアイ像を島

のあちこちに運んでいた。

④1722年にヨーロッパ人が初めてラパヌイ島に上陸した時、モアイ像は残っていたが、森は消滅していた。

⑤本書は内容がよくまとまっており、環境問題を心配する方にはぜひ読んでいただきたい一冊である。

正解は、①③④が「事実」、②⑤が「意見」である。

これがすべてできて正解とするが、正答率は日本が44・5%、OECD平均が47・4%であり、日本の正答率はOECD平均よりもやや低かった。だが、いずれにしても半数以上が間違えているのである。

この5つの文は、本文からそのまま抜き出されたものなので、内容が正しいかどうかを細かく検討する必要はない。その文が「事実」を記したものなのか、それとも「意見」を記したものなのかを判断すればよいだけである。

改めて①から⑤の文を読んでみていただきたい。①③④には事実が記されており、②⑤には意見が記されているのは明白だ。ふつうに考えれば、できて当然の問題と言える。それにもかかわらず、高校1年生の半数以上ができないのである。これは、まさに読解力の危機と言わざるを得ない。

中学や高校の先生は、生徒たちにこの程度の読解力があることを前提に授業をしているはずだ。だが、実際は半数以上の生徒たちの読解力は危機的状況にある。そのような生徒たちは、教科書を読んでも、文章を読解できないので、書かれている内容を理解できない。当然のことながら、先生が話す内容も理解できない。そのようなことが現実に起こっているわけである。

今の中高生の読解力

人工知能研究の副産物として、今の中学生の多くが教科書を読めていないという衝撃的な事実が判明したのは記憶に新しい。

人工知能プロジェクト「ロボットは東大に入れるか」を進めてきた国立情報学研究所の新井紀子は、２０１６年に「東ロボくん」の東大合格を断念した。

「東ロボくん」はきわめて優秀だった。高校3年生の上位2割に入る実力があり、2016年にはついに関東ならMARCH（明治、青山学院、立教、中央、法政）、関西なら関関同立（関西、関西学院、同志社、立命館）と呼ばれる難関私大に合格する可能性が80％以上と判定された。しかし、東京大学には及ばず、今後も無理だろうと言う（朝日新聞2016年11月25日付）。そこには記述式の問題が重視されているかどうかが大きくかかわっていると考えられた。つまり、人工知能は文章の読解が苦手なのだ。

「東ロボくん」を5年間にわたって育ててきた新井は、人工知能にできることと、できないことがあることがわかったと言う。つまり、人工知能は、膨大なデータを覚え、蓄積されたデータから傾向をとらえるのは得意なのだが、文章の意味がわからないのだ。

つまり、問題の意味を理解して解答しているわけではなく、確率論的に解答しているにすぎない。それにもかかわらず、8割の高校生が、文章の意味を理解できない「東ロボくん」の成績に及ばない。

それはなぜか。その疑問を解くために読解力についての学力調査をしたところ、今の中学生の約2割は教科書の文章の主語と目的語が何かという基礎的読解ができず、約5割は教科書の内容を読み取れていないということが判明したのだ（朝日新聞２０１６年11月９日付）。教科書の文章の主語と目的語の区別ができない中学生が２割もいる。そして教科書に書かれている内容を理解できない中学生が５割もいるのである。

教科書に書かれている文章の意味がわからないのでは、勉強ができるようになるわけがない。教科書というのは、わかりやすいように平易な文章で構成されている。それでも理解できない。それほどに読解力が乏しいことがわかったのだ。

本書の冒頭で、文学作品どころか実用文さえ読めない生徒が多くなっているため、高校の国語の授業で実用文の読み方を学ばせることが決まったことを紹介したが、その背景として、このような実態があるのだ。

日本人なのだから日本語で書かれた文章は理解できているだろうと思ったら、じつは多くの中学生や高校生は理解できていなかった。これは衝撃的な発見と言わざるを得ない。生徒の保護者や世の中の一般の大人たちは、学校で授業を受けることが学びになる、予習すれば効果的な学びにつながると思っているだろうが、教科書も先生の解説も読解できないとしたら、授業に出ていても意味不明の言葉の連鎖を耳にしているだけ、予習をしても意味不明の言葉の連鎖を目にするだけ、ということになってしまう。

そんなバカなと思われるかもしれないが、教育現場で生徒を相手にしている先生たちは、生徒たちの読解力の乏しさを日頃から痛感しているはずである。

それではつぎに新井たちが中高生に実施した「基礎的読解力」調査の問題のいくつかとその正答率をみてみたい（新井紀子『ＡＩ vs. 教科書が読めない子どもたち』東洋経済新報社より）。これをみると、今の子どもたちの読解力がいかに危機的な状況にあるかがわかる。

［問題］

「仏教は東南アジア、東アジアに、キリスト教はヨーロッパ、南北アメリカ、オセアニアに、イスラム教は北アフリカ、西アジア、中央アジア、東南アジアにおもに広がっている。」

この文脈において、以下の文中の空欄にあてはまる最も適当なものを選択肢のうちから1つ選びなさい。

オセアニアに広がっているのは（　　　　　　）である。

①ヒンドゥー教　②キリスト教　③イスラム教　④仏教

問題文を読めば、正解は②のキリスト教だということは容易にわかるはずなのだが、正答率は中学生で62％、高校生で72％となっている。中学生の４割近く、高校生の３割近くが、この文の意味を読み取れなかったのである。

長い文章を読むわけではなく、わずか１文を読むだけである。そこに答えははっきり書いてある。それにもかかわらず、正答できない生徒がこれほどいる。このような平易な文の意味さえ読解できないのだ。

［問題］

「Alex は男性にも女性にも使われる名前で、女性の名 Alexandra の愛称であるが、男性の名 Alexander の愛称でもある。」

この文脈において、以下の文中の空欄にあてはまる最も適当なものを選択肢のうちから１つ選びなさい。

Alexandra の愛称は（　　　　　　　　）である。

①Alex　②Alexander　③男性　④女性

正解は①の Alex である。これも容易にわかりそうなものだが、正答率は中学生で38％、高校生で65％となっている。この文の意味を高校生でも3人に1人が読み取れず、中学生に至っては6割以上が読み取れなかったのである。

本や新聞をふだんから読んでおり、ふつうに読解力がある人からすれば、なぜわからないのかがわからないはずだ。この1文の中に正解がはっきり書かれているのだから。でも、わからない生徒がこんなにいるのだ。

［問題］

「幕府は、1639年、ポルトガル人を追放し、大名には沿岸の警備を命じた。」

右記の文が表す内容と以下の文が表す内容は同じか。「同じである」「異なる」のうちから答えなさい。

1639年、ポルトガル人は追放され、幕府は大名から沿岸の警備を命じられた。

正解は「異なる」である。これも容易にわかると思われる問題だが、正答率は中学生で57％、高校生で71％となっている。この文の意味を中学生の４割以上、高校生の３割近くが読み取れなかったのである。

主語と目的語の区別がつかない中学生が２割もいるとのデータを先ほど紹介したが、複雑な文章ではなく、このようなわずか１文の主語と目的語さえ区別できない中学生が４割以上、高校生が３割近くもいることになる。

これらの問題とその正答率をみれば、今の中高生の読解力がいかに危機的であるかが明らかだろう。このような平易な１つの文でさえも、その意味を読解できない中学生や高校生がこれだけいるとなると、こうした文がいくつも組み合わさる文章を読解できない生徒がいかに多いことか。

そうなると、教科書を読んでも意味がわからず、授業で解説を聞いてもちんぷんかんぷんという生徒が相当数いるものと思わざるを得ない。そのような生徒に予習するように言っても、未知の外国語の文章を読ませるようなことになってしまい、なかなか効果が出ないに違いない。

これでは人の話も理解できない

前項でみた問題のように、長文の読解ではなく、わずか1つの文を読み取ることもできない中学生や高校生がかなりの比率でいるのである。しかも難解な文ではなく読めばすぐにわかると思われるきわめて簡単な文である。

これでは授業に出ていてもついていけないだろう。教科書を読んでもわからない、授業中の先生の解説を聴いてもわからない。仮にわかりたいという思いが強い熱心な生徒だったとして、わからない箇所を教師に質問したところで、質問に対する教師の説明がまたわからないということになってしまう。教科書も授業中の解説もわからないとなると、当然のことながらあらゆる教科において落ちこぼれていくのが目に見えている。

こうしてみると、子どもの頃から語彙を豊かにし、読解力を鍛えておくことの大切さを痛感せざるを得ない。

本書の冒頭で小学校における暴力事件が急増していることを指摘した。これについては前著『伸びる子どもは○○がすごい』でも紹介したが、その後も急増を続けている。文部科学省による２０１９年度の調査データをみると、教育機関における生徒の暴力行為の発生件数は７万８７８７件である。その内訳をみると、小学校４万３６１４件、中学校２万８５１８件、高校６６５５件となっている。これまでは中学校が飛び抜けて多かったのだが、このところ小学校の件数が急増し続けており、今では小学校の発生件数が断トツに多くなっている。

じつは、２０１１年までは小学校での発生件数は、中学はもとより高校よりもはるかに少なかったのである。２０１２年から小学校での発生件数が増え始め、２０１３年に高校を抜き、その後も急増し続けて、ついに２０１８年には中学も抜き、今や高校の５倍にもなっている。

このところの小学校における暴力事件の急増には、厳しさを欠いた子育てによる自己コントロール力の欠如に加えて、読解力の乏しさも関係しているに違いない。

それは２通りの形で関係していると考えられる。まず第1に、友人関係の文脈において、読解力不足によるコミュニケーションのすれ違いが起こりやすいということがある。本書の冒頭で述べたように、読解力が乏しいと、相手の言葉の意味を正確に読み取ることができず、お互いに相手のことをわけがわからないと思ったり、自分勝手なことばかり言ってくると曲解したりして、ちょっとしたことがきっかけでトラブルに発展しやすい。

これには読解力と相互作用しながら発達していく語彙力（その関係については第2章で解説する）の不足も関係する。語彙力が乏しいと、文章や人の言葉を適切に読解できないだけでなく、自分の思っていることを的確に表現することができない。なんでも「やばい」とか「エモい」とかですませていると、微妙なニュアンスを伝えるための言葉が頭の中の辞書に蓄積されず、自己表現がうまくできない。

第2に、授業の場で読解力不足によるイライラが生じやすいということがある。教科書を読んでも授業中の教師の解説を聴いてもよくわからないためイライラする。朝から午後まで、しかも毎日のようにそのような授業時間を過ごすのは、相当つらいに違いない。そのストレスによって攻撃的な気持ちになりやすい。

心理学の理論に欲求不満―攻撃仮説というのがあるが、欲求不満状態に陥ると人は攻撃的な言動をとりやすいことが多くの実験により実証されている。ゆえに、わけのわからない授業でストレスを溜め込んだ児童が、ちょっとしたことをきっかけに暴言を吐いたり暴力を振るったりということになりやすい。

そのような語彙力や読解力のまま大人になってしまい、仕事や日常の人間関係でトラブルを生じたりすることも少なくない。クレーマーの増加が社会問題となり、企業や店舗の顧客対応担当者は、理不尽なクレーマー対策に頭を悩ませている。だが、そもそも理不尽なクレーマーの中には、理屈を理解できない人物が多いようだ。

クレーマーに限らず、何かとすぐに苛立ちを示す人には、相手の言うことをちゃんと理解できず、いちゃもんをつけられたように感じたり、理不尽なことを言われたような気がして、攻撃的な姿勢を取っている人が多いように思われる。

そうならないためにも、子どもの頃から語彙力や読解力を培っておくことが大切となる。

図解がないと理解できない

読解力の欠如が深刻化しているのは小学生や中高生に限らない。

大学で心理学系の授業を担当している教員の間では、従来当たり前のように行っていた心理検査やアンケート調査ができない学生が増えていることが話題になっている。質問文の意味がわからないのだ。私自身、そのような質問をされて驚くことが少なくない。

たとえば、「内気ってどういう意味ですか?」「内向的って何ですか?」「事なかれ主義って、どういう意味ですか?」「引っ込み思案って、どういう意味ですか?」「気分が不安定って、どういうことですか?」などといった質問が出る。

かつてはふつうに使っていてもとくに問題がなかった言葉が通じなくなっている。なぜわからないのだろうと思って学生たちと話してみると、本をまったく読んでいないということに加えて、

「だって、そんな言葉、友だちとの会話で使わないし、LINEでも使わないし」

と言う。たしかにマンガの吹き出し程度の言葉のやりとりしかしないとしたら、語彙力や読解力が高まるわけがない。ここでも、日頃から本を読む習慣のある学生と本には無縁の学生の語彙力や読解力の二極化がみられる。

さらには、性格検査や適性検査を実施した後、採点の仕方について簡単な解説をし、マニュアルを見ながら各自採点をするように指示すると、かつては全員が採点できたのだが、

採点の仕方がわからなくて質問する学生や見回っていると間違ったやり方で採点している学生が目立つようになってきた。つまり、マニュアルのような平易な実用文さえもうまく読解できないようなのだ。

そうしてみると、教科書を読んでも内容を理解できないのはもちろんのこと、人の話も理解できないことが多いだろう。授業中に教師が話す言葉も十分に理解できていないだけでなく、友だちと話す内容も十分に理解できていないのではないだろうか。内容の理解以前に、言葉の理解ができていなかったりするのである。

そんな大学生の国語力の乏しさを示すデータもある。２００４年にメディア教育開発センターが19大学、６短大、１国立高等専門学校の計26校の新入生を対象に、日本語の語彙力調査を実施している。２００２年に中高生20万人に実施した結果をもとに大学生の実力を判定したところ、中３レベル以下の学生が、国立大学（３校）で６％、私立大学（16校）で19％、短期大学では35％にもなったのである（毎日新聞２００５年６月８日付）。

また、２０１６〜17年に日本リメディアル教育学会の大学教授たちが小中学生と大学生約４０００人を対象に実施した語彙量調査によれば、中学３年の平均点を下回る大学生が散見されたという（読売新聞２０２０年3月28日付）。

読書しない大学生がこのところ急激に増えていることからして、国語力の低下はよりいっそう深刻化していると思われる。

読解力の乏しさが深刻化しているのは、授業をしていてひしひしと感じる。やる気のない学生はいつの時代にもいるものだが、まじめに授業に集中している学生までが、

「何が大事かわからないので、大事なことは字を大きくしたり、色を変えたりしてください」

「影響関係がわからなくなっちゃうから、矢印で結んでもらえますか」

などと言ってくる。

どういうことか聞いてみると、パワーポイントを使う多くの授業では、大事なことは字が大きく、色も変えてあるから、何が大事かすぐにわかる、影響関係も矢印で結んであるからすぐにわかるというのだ。

話を聞きながら、何が重要かを自分の頭で考えることができず、解説を聞いても影響関係をつかむことができないのだ。懇切丁寧に図解する授業に慣れすぎており、自分の頭を使っ

てじっくり考えるという知的作業が省略されている。これでは授業がよくわからないのはもちろんのこと、読書を楽しめないどころか、実用文さえ理解できないということになるわけだ。

図解するのが悪いというのではない。教育心理学の領域では、学習者の認知構造と新たな学習内容の橋渡しをするものとして、図式オーガナイザーも有効とみなされている。図式オーガナイザーというのは、これから学習する内容の概略を図解して示すものである。それによって学習者の理解を促進することができる。

聞いただけでは理解しにくい内容の場合、図解することでわかりやすくなるといった効果が期待できる。最近のビジネス書に図解が多いのも、文章だけではちゃんと理解できないという読者が増えてきたことへの対応と言える。

このような図式オーガナイザーを駆使するのは、読解力の乏しい学習者にとっては非常に効果的な方法ではあるが、普通の読解力をもつ学習者があまりに図解に頼りすぎると、授業が読解力の鍛錬の場にならず、読解力の発達に支障が出る可能性もある。

近年、生徒たちの読解力の低下が指摘されているが、図解すればわかりやすいということで図解を多用しすぎると、教科書の文章や教師による口頭の説明だけでは十分理解できないといった傾向を助長する面もあることが懸念される。

もちろん、今でも本を読み、読解力もあり、授業内容をしっかりと理解し、自分の頭で考えている学生もかなりいる。私は学生たちの読解力向上のため、極力図解はせずに言葉のみで授業をしているが、そのような学生は板書や口頭の解説のメモをもとにノートに図解して、

「こういう理解でよかったでしょうか」

と確認に来たりする。図解によってようやく理解できるというのではなく、言葉のみの説明から自分で図解できるほど読解力があるのである。毎時間の最後に課している気づきレポートを読んでも、学生の読解力の差が著しいのを感じざるを得ない。

授業がわからず塾に通う大学生も

塾通いというと小中学生、あるいは高校生を連想するだろうが、今や塾に通う大学生も出てきている。就活塾で就職活動への取り組み方を学ぶというのは以前からあったが、授業に

ついていけないために塾に通う大学生もいるようだ。

大学生のための塾を運営している渡邊峻によれば、教科書の内容が理解できず、授業についていけない学生が少なくないという。そのような学生の多くは本を読まず、数学や物理といった専門知識以前に、国語力に問題を抱えているようである（朝日新聞２０２０年４月４日付）。

文章を書くのが苦手な学生が多いのは、多くの教員が痛感しているはずだ。レポート課題や毎回の授業の終わりのちょっとしたレポートをみても、まともに文章が書けない学生がけっこういる。

塾に通うのは、わかるようになりたいという思いが強いからであって、非常にまじめな学生とも言える。わかりたいといった思いがそこまでない学生たちの中にこそ、読解力が非常に低く、文章の読み書きに難点を抱える者が少なくないはずだ。

就職関係の会合の場で、「事務文書を書けない新人に困っている。せめて事務文書が書ける学生さんを送り込んでいただきたい」というような要望を何人もの人たちから言われたことがある。授業やゼミを担当している教員なら、この学生たちは就職してからまともな文書を作成できずに困るだろうにと思うことがよくあるはずだ。

かつては就職活動は学生個人が勝手にやったものだが、いつの頃からか、就活支援を大学側が積極的に行うようになってきた。各種説明会や個人面談、筆記試験対策や面接試験対策を行うだけでなく、エントリーシートの添削指導も行う。だから、「エントリーシートを見たらしっかりした文章を書いてるから大丈夫だと思ってたら、とんでもないですよ、まともな文章が書けないんですよ」といった嘆きの声を聞かされることになる。

国語の授業で実用文を学ぶ時代に

そこで、国語の授業では小説なんか読ませている場合じゃない、利用規程や契約書といった実用文の読み方を学ばせる必要があるということになったのだろう。どういうことなのかわからないという人も少なくないと思われるので、まずはその概要を説明しよう。

２０２１年１月から、従来のセンター試験に代わって大学入学共通テストが実施されることになったが、それに合わせて高校の国語の改革も行われることになった。この新たに導入される大学入学テストのモデル問題が２０１７年に示されたのだが、国語の問題をみると、あからさまに実用文へのシフトがみられた。従来の国語の入試問題では小説・詩歌や随筆・評論など文芸作品が出題されたものだが、そこでは自治体の広報文や駐車場契約書の読み方をめぐる問題が出題されたのである。

この変化は衝撃的なものだった。入試で実用文が出題されるのであれば、授業でも実用文を取り上げる必要がある。学校の国語の授業といえば、著名な作家の小説を味わうことで人生について深く考えたり、詩歌の鑑賞によって心を豊かにしたり、評論を読んで社会を見る目を養ったりするといった印象がある。国語が自治体の広報文や駐車場契約書の読み方を学ぶ教科だといった認識はなかった。それは私だけではないだろう。すべての国民が国語の授業で小説・詩歌や随筆・評論に触れてきたはずであり、実用文を学ぶ場といった印象はもっていないはずだ。

だが、これから大学入試で実用文の読み方をめぐる問題が出題されるとなれば、高校の国語の授業でも広報文や契約書など実用文を取り上げざるを得なくなる。多くの高校生にとって大学入試突破が人生を大きく左右するものである限り、高校の授業はそれを支援する方向に進まざるを得ない。

まさか、そこまでの変革はあり得ないだろう、国語の授業は著名な小説や鋭い評論を読んで教養を身につける場だし、そんな実用文はわざわざ学校の授業でやるようなものじゃないはずだ。そのように楽観視する人が多いかもしれない。だが、じつは楽観してはいられない事情がある。

2022年の高校1年生から年次進行で順次適用される高等学校学習指導要領によれば、わかりやすいように簡略化すると、これまで高校2・3年生が学んできた「現代文B」という科目が「論理国語」と「文学国語」に分かれ、いずれかを選択することになる。新たな科目である「論理国語」では、論説・評論・学術論文などの論理的な文章の他に、報道や広報の文章、案内、紹介、連絡、依頼などの文章、法令文、キャッチフレーズ、宣伝の文章などの実用的な文章が盛り込まれることになっている。

社会に出たらさまざまな機会に読まざるを得なくなる実用文をきちんと読解できるかを問う問題が大学入試で出るのなら、文学を鑑賞したりするよりも、実用文を中心に論理的に読解する授業をせざるを得ない学校が多くなるはずだ。その場合、「文学国語」でなく「論理国語」の教科書で学ぶことになる。それにより、従来なら個人的に読書をする生徒でなくても、国語の授業を通して多くの著名な文芸作品に触れていた高校2・3年生が、そうしたものに触れずに過ごすことになる。これは国語の授業の大変革と言わざるを得ない。

実用的な用途を重視しすぎると、これまでの国語の学習のように、作品の登場人物や作者の言いたいことや気持ちを汲み取ろうと想像力を働かせる類の学習が欠落するため、読解力が鍛えられず、相手の言っていることがわからない、相手が何を考えているのかわからないという、コミュニケーションがうまくいかない人間がますます増えていくだろう。さらには、実用文のような文章ばかり読んでいては、小説や詩、評論や随筆に込められている深い思いや考えに触れることができないため、人生上の課題を乗り越えるためのヒントとなる言葉や視点を自分の中に取り込み蓄積することもできない。

ただし、本書の冒頭でも述べたように、元々知的好奇心が強く、本をよく読み、読解力を身につけている生徒は、実用文など当たり前のように読めるので、新しい学習指導要領に切り替わり、実用文中心の教科書で授業が行われることになったとしても、自分自身の趣味や学習として積極的に小説や評論を読むだろう。もっとも、そのような生徒の多い進学校の国語の授業では相変わらず小説や評論を読むことになるはずだ。

一方で、元々知的好奇心が乏しく、実用性ばかりを追求する生徒たちは、日頃から本を読まず、読解力が乏しいため、国語の授業で実用文の読み方を中心に学ぶことになるだろう。授業でほとんど文芸作品を扱わないということになると、文芸作品には縁のない人生を送ることになる。

これにより、文学や評論に親しむ教養人と、実用文を読むだけの非教養人の二極化がどんどん進んでいくに違いない。わが子を後者にさせたくないのであれば、読書の習慣が身につくような環境づくりを心がけてあげる必要がある。学校が対応できないようになる可能性があるのであれば、家庭で対応するしかない。

ここまで書いたところで、第1回の大学入学共通試験が始まった。出題された国語の問題を見ると、現代文は評論と小説で、モデル問題の提示により出題が予想された実用文は出題されなかった。今後どうなっていくのかわからないが、多くの人たちの懸念を踏まえて、今回はセンター試験を踏襲した形の出題となったのかもしれない。

だが、いずれにせよ、今後は学習指導要領に従って、国語の授業で実用文の読み方を学ぶ生徒たちも出てくるはずだ。

生活言語と学習言語は別物

私たちは言葉でものを考える。この本を読みながら、「なるほど、やっぱりそうだよな」と共感しながら自分自身の子ども時代を振り返り、「そういえばあんなこともあったな」と思ったりするときも、「それはちょっと違うんじゃないかな」と批判的な気持ちになって自分の子ども時代の記憶の中から反証となるような出来事を引っ張り出したりするときも、言葉を使って考えているはずだ。

言葉を使ってものを考えるのであれば、頭の中に言葉を豊かに蓄積している人ほど緻密に考えることができるということになる。その際、言葉といっても、日常会話で使う言葉と学校の勉強をしたり本を読みながら人生について考えたりするときの言葉を区別する必要がある。

先ほど教科書を読んでも理解できない中高生や授業中の教員の解説を理解できない大学生を引き合いに出したが、そのような生徒や学生も日常会話はふつうにこなしている。むしろ勉強ができる生徒・学生よりも流暢にしゃべっている者も少なくない。そのような生徒の授業中の絶え間ないおしゃべりに手を焼くというのは、教員ならだれでも経験しているはずだ。

発達心理学や認知心理学においては、言語を生活言語と学習言語に分け、言語発達を日常会話力と学習言語力に分けてとらえる。子どもは、生後まもない頃から親などとのやりとりを通して生活言語を自然に身につけ、日常会話力を発達させていく。その後、読み書きができるようになるにつれて、思考の道具としての学習言語を発達させていく。学校の授業では、この思考の道具である学習言語力を使うことになる。

発達心理学者の岡本夏木は、子どもの言語発達に関して、日常生活の言葉である「一次的ことば」と授業での言葉である「二次的ことば」を区別している。一次的言葉というのは、日常生活において身近な人たちとの間で会話をするための言葉である。それに対して、二次的言葉というのは、現実場面から離れた抽象的な議論にも使える言葉であり、そこには話し言葉だけでなく書き言葉も加わってくる。

言語学者のギボンズも、言葉には遊び場言語と教室言語があるとして、この2つを区別している。

バイリンガル教育の研究者カミンズも、会話力と学習言語力を区別している。

これらの区別には、すべて共通の基準がある。それは、日常生活の具体的な場面における会話で用いる言葉か、教室で授業を受けるときなどのように抽象的思考や議論をするときに用いる言語か、ということである。つまり、コミュニケーションの道具としての言語が生活言語であり、思考の道具としての言語が学習言語である。

このように言語能力を日常会話に用いる生活言語能力と抽象的思考に用いる学習言語能力に区別する視点はとても重要である。日本語を何不自由なくしゃべっていても、勉強ができない子、知的活動が苦手な子がいくらでもいることからわかるように、知的活動をする際に大事なのは学習言語能力を磨くことである。それができないと、授業についていけず、ものごとを深く考えることができない子になってしまう。

ふつうにしゃべっているから言語能力は問題ないと思っていると、順調に発達しているのは生活言語能力だけで、学習言語能力は未熟なままということも十分あり得る。ペラペラ饒舌にしゃべっているから大丈夫と安心していると、学校に行くようになってから授業についていけないということが起こることもある。

おしゃべりの能力と知的能力が別物だということは、教育現場に身を置く者なら日頃から痛感しているはずだ。教師は授業中もおしゃべりをやめない子に手を焼くものである。でも、そういう子どもたちにも言い分はある。授業を聞いても理解できず、まったく興味をもてないため、ついおしゃべりをしてしまうわけで、どうにも仕方がないのだ。学習言語を発達させてこなかったのは本人だけの責任とは言えない。

幼稚園までは能力にかかわらずみんな同じように過ごせても、学校に行って勉強するようになると、どの教科でも徐々に抽象的思考力を必要とするようになっていく。そこで学習言語を発達させていない子はつまずく。教科書や教師の言葉の意味がわからず、授業についていけなくなる。

生活言語は自然に身についていくが、学習言語を身につけるには、それなりの経験が必要となる。そこで問われるのは、どれだけ本を読んでいるかということである。

読書には、語彙力や読解力を発達させ、思考力や想像力を高めさせるという効用があるばかりでなく、根気強さを培うという効用もある。本を読む際には思考力や想像力を駆使しながら文章から具体的場面を想像力によって立ち上げたり、作者の言いたいことを論理的にたどるなど、かなりの知的努力を必要とする。それを継続するのは根気を要する。

また、読書には、さまざまな立場や性格の登場人物に触れたり、これまで出会ったことのない価値観をもつ作者に触れたりすることで、いろんな人間の思いを想像することができるようになり、共感性が高まるといった効用もある。読書を通して多様な他者を理解できるようになる。

このように読書には、語彙力や読解力のような認知能力を高めるという効用だけでなく、根気強さや共感性といった非認知能力を養うという効用もある。ただし、非認知能力の大切さについては前著『伸びる子どもは○○がすごい』で解説したので、本書では認知能力の発達を中心にみていくことにしたい。

第 2 章

言語能力は
どうやって身につくのか?

話し始める前の言語発達

私たちはどのようにして言語能力を獲得していくのだろうか。生まれたときにはまったく言語をもたないのに、10代になる頃には数万の言語を獲得している。その発達はどのようなプロセスをたどるのだろうか。また、そこにはどのような要因がかかわっているのだろうか。

人間はおよそ1歳になる頃から言葉を話し始めるが、何もないところでいきなり話し出すわけではない。その前から言語の発生に向けてさまざまな発達がみられる。まったく言葉をもたずに生まれた赤ちゃんがわずか1年で話し始めるのである。その話す前の1年間、赤ちゃんの中でめざましい言語能力の発達が起こっているのだ。

そこで重要となるのが養育者との表情や声のやりとりである。

生まれたばかりの赤ちゃんは、養育者にあやされたり、授乳してもらったり、オムツを替えてもらったりしながら、コミュニケーションの土台をつくっていく。そのうち養育者の目を見つめたり、養育者に訴えかけるように泣いたり、養育者の真似をして口を開けたりというように、コミュニケーションの萌芽がみられるようになる。養育者が話しかけると、視線を向けたり、微笑んだり、手足を動かしたりして、嬉しそうに反応する。

はじめのうちは、子どもが発するのは泣き声がほとんどだが、生後2カ月くらいになるとクーイングも聞かれるようになる。クーイングというのは、「ヒュー」「アー」のような発声で、寛いでいるときに発せられる。

生後4カ月くらいになると、喃語《なんご》を発するようになる。喃語というのは、子音と母音で構成される、とくに意味をもたない発声で、機嫌の良いときに発するものである。これは、どの言語にも共通にみられ、この時期には所属する文化の言語では用いない音も発声できるが、母語を獲得していくにつれて属する文化で用いられない発声は消えていく。

私の息子は、機嫌がよいときに、「ア、ワウ、ワウ、ワウ、ワウ、ワ」というような発声をよくしたものだった。

生後6カ月くらいになると、養育者が発する言葉を模倣するようになり、いろんな声を出し、しきりに声遊びをするようになる。

生後9カ月くらいになると、子どもと養育者という2者関係に事物（生き物も含む）が介在する3項関係がみられるようになる。そこでは指差し行動がよく用いられる。関心のある事物を指差し、養育者の目をそちらに向けさせ、一緒に注視したりする。これを共同注視という。

その際、コミュニケーション言語の原初的形態としての発声がみられることが多い。それに対して、養育者が言葉と表情で反応し、子どもの発声を意味づけるとともに、それに対する回答を与えたりする。こうしたやりとりを積み重ねることで、子どもは自分の関心や気持ちをあらわす言語を獲得していく。

私の娘も、ちょうど9カ月の頃、何かに関心を向けるたびに、「あ、あ、あ」と言いながら、そっちの方を指差したりした。それに対して、私は「お花だね、きれいだね」「鳥さんだね、かわいいね」「ブランコしてるね、楽しそうだね」「もっとほしいの？」などと反応したものだった。

指差しではなく、部屋のどこかで見つけた物をよちよち歩きでもってきて、「あ、あ、あ」と言って差し出すことも多く、私は「お人形さん、かわいいね」「ゴミだね、捨てないとね」「ラムネ、食べたいの？」などと応答し、人形で一緒に遊んだり、一緒にゴミ箱に捨てに行ったり、ラムネの包みを破って食べさせたりした。自分の手を差し出して、「あ、あ、あ」と言うこともあり、「痛いの？」「ベタベタしてるね」「色が付いちゃったね」などと応答し、痛いのが治るおまじないをしたり、ベタベタしてるところを拭いたり、汚れを拭き取ったりした。

こうしたやりとりを始終繰り返すことにより、物の名前を覚えたり、行動をあらわす言葉を覚えたり、自分の思いを伝える言葉を覚えたりしていく。言葉を話し始める前にすでに理解はできている段階がある。

大人たちが「おかしいな、○○が見つからないなあ」と言いながら探しているとき、娘がよちよち歩いてきて、「あ、あ、あ」と言ってそれを手にもって差し出したので、ものの名前がわかるんだなあと驚いたことがあった。

語彙の増加

1歳くらいになると、何を言っているのかはっきりとわかる、意味のある言葉を口にし始める。最初に口にし始める言葉を初語という。典型的なのが、食べ物を意味する「まんま」

だ。

1歳になると、このような言葉を頻繁に発するようになる。このように1単語で文として機能するものを1語文という。「まんま」の他に、自動車を意味する「ブーブ」、犬を意味する「ワンワ」、「お花」などが1語文に相当する。1語文には多様な意味があるが、それを養育者が共感的に解釈して反応することで、言語のもつコミュニケーション機能が発達していく。

たとえば、「まんま」という発声に対して、その含意が「まんま、ちょうだい」だと思えば「まんま、ほしいの？」と反応し、「まんま、おいしい」だと思えば「まんま、おいしいね」と反応する。

「ブーブ」という発声に対して、その含意が「これ、ブーブ」だと思えば「ブーブだね」と反応し、「ブーブ、いいでしょ」だと思えば「ブーブ、かっこいいね」と反応する。

「ワンワ」という発声に対して、その含意が「ワンワ、いる」だと思えば「ワンワいるね」と反応し、「ワンワ、ほえてる」だと思えば「ワンワ、ほえてるね」と反応する。

「お花」という発声に対して、その含意が「お花、さいてる」だと思えば「お花、さいてるね」と反応し、「お花、きれい」だと思えば「お花、きれいだね」と反応する。

このようなやりとりを通して、幼児は言葉を覚えていく。ゆえに、このような発達段階の子どもを相手にする親には、子どもが言いたいことを想像したり、子どもの気持ちに共感したりする姿勢が求められる。

生後１歳半から２歳くらいになると、２語文を口にするようになる。「これ、ブーブ」「あっかい、ブーブ」（赤い自動車）のように言いながら自動車のオモチャを差し出したり、「ワンワ、かわいい」と言って犬を指差したり、「お花、きれい」と言って花を指差したりするようになる。

たとえば、私の息子の場合は、目の前のものを食べたくなると「まんま、たい」（まんまを食べたいという意味）と言ったり、こちらが食べさせようとしても食べたくないときは「たい、ないない」（食べたくないという意味）と抵抗したり、言葉を省略した形の２語文で要求や意思表示を伝えるようになっていった。

その頃になると語彙数が急速に増え始め、２歳を過ぎる頃には語彙数の増加が顕著になってくる。これを語彙の爆発という。語彙が爆発的に増えていくという意味である。

この時期には、指差し行動を取りながら、しきりにものの名前を尋ねるようになる。それだけでなく、さまざまな疑問をぶつけてくるようになる。モノや生き物の名前を答えるのは簡単だが、「トリさんは何食べるの？」「トリさんはなんで飛べるの？」「なんで飛ぶトリさんと泳ぐトリさんがいるの？」などと質問攻めにされ、これはたまらないと思うことがあるが、目につくものや気になることにいちいち疑問をもちながら、どんどん言葉を覚えていく。

このようにして語彙数は増加し続け、1歳半頃にはわずか50語程度だったのが、2歳で200〜300語程度、3歳で1000語程度と語彙数は飛躍的に増加し、簡単な日常会話には不自由しない程度のコミュニケーション能力を獲得する。このくらいの年齢になると、大人に負けないくらいにしゃべりまくる子もいる。

その後も、4歳で1500語程度、5歳で2000語程度、6歳で4000語程度というように語彙数は急激な増加を示す。

2歳くらいから小学校に入学する頃までの幼児期に、新たな言葉を1日平均2〜9語ずつ覚えていくと言われる。すぐに忘れてしまうものもあるからそのまま定着するわけではないが、小学校入学時には数千語から多いと1万語以上を獲得していることになる。

このような語彙数の急増と並行して、2歳を過ぎる頃から、2語文から多語文への発達がみられるようになる。こうして発話の語数が増えていき、しだいに多くの語を含む長い文の発話ができるようになっていく。

このような言語能力の発達には、親をはじめとする養育者など周囲の大人の働きかけが大きく作用する。何しろ、言葉をまったくもたないところからスタートするので、身近な大人、一般的には親が発する言葉を吸収するのが基本となる。その大人の話しかけてくる言葉や話し方を真似るということに加えて、その大人との気持ちの交流を背景とした言葉のやりとりが重要な意味をもってくる。

こうして幼児期には、言語がコミュニケーションの道具として機能するだけでなく、思考の道具としても機能するようになってくる。

言語能力の遺伝と環境

知的能力に関しては遺伝規定性が高いことが心理学をはじめとする多くの研究によって明

らかになっている。遺伝規定性が高いというのは、遺伝要因の影響が大きいということを意味する。

遺伝の影響が大きいのだからジタバタしても仕方ないという人もいるが、けっしてそういうことではない。たとえば、知能に関しても学業成績に関しても、遺伝の影響が50％程度あり、いくら好ましい環境を与えたとしても遺伝の影響を排除できないことは、行動遺伝学的な研究によって明らかになっている。

だが、遺伝要因に約50％規定されるにしても、残りの50％は環境の影響を受けるのである。仮に遺伝的素質が優秀であっても、あるいは平凡であっても、その素質がどの程度開花するかには環境が大きく影響しているわけである。ゆえに、知的環境の豊かさによって、素質的に平凡な子が素質的に優秀な子を学業成績で上回るということも十分あり得るのである。

実際、行動遺伝学的研究を行っている心理学者の安藤寿康たちのデータをみると、知能や学業成績の50％程度は遺伝要因で決まるが、あとは家庭環境や学校環境などの環境要因によって決まってくる。

さらには、知能の50％は遺伝要因によって決まるといっても、知能の領域によって遺伝規定性が異なっているのは興味深い。すなわち、空間性知能に関しては遺伝要因の影響が70％程度ときわめて大きいのに対して、言語性知能に関しては遺伝の影響はわずか15％程度と非常に小さい。図形問題などは空間性知能に関するもので、文の読解や語彙の問題は言語性知能に関するものである。

言語性知能に関しては、遺伝の影響が15％程度と小さい代わりに、共有環境、つまり家庭環境の影響が60％弱と非常に大きくなっている。学校などの非共有環境の影響は30％弱であり、遺伝要因の2倍の数値になっているものの共有環境の半分に過ぎない。

ここから言えるのは、言語能力の発達に関しては、遺伝によって決まっている部分は小さく、家庭環境の影響が非常に大きいということ、しかも学校の影響よりも家庭の影響の方がはるかに大きいということである。

前項までの乳幼児期の言語発達の様相をみても、親子のコミュニケーションという家庭環境の影響が非常に大きいことはわかると思うが、そのことがさまざまな研究によって再確認されつつある。

心理学や教育学の領域では、知的発達には言語能力が影響し、その言語能力の発達には家庭における文化環境、つまり親の言語能力の影響が大きく、親子のコミュニケーションの量や質が重要となることが従来から指摘されてきたが、最近の行動遺伝学的研究でもそのことが再確認されている。

そして、このことは最新の脳科学の研究においても確認されている。脳科学の観点から認知発達を研究している川島隆太と横田晋務《すすむ》たちは、親子で過ごす時間やその過ごし方と、3年後の子どもたちの言語理解指数や脳の灰白質濃度の変化（脳の灰白質の濃度の低さは言語能力の高さと関係する）の関連を解析している。その結果、親子で過ごす時間が長いほど言語能力が高く、脳の灰白質の濃度が低下していた。

つまり、親子で過ごす時間が長いほど、子どもの言語能力が高く、それと関係の深い脳領域が発達していることがわかったのだ。さらに詳しくみていくと、親子でさまざまな内容の会話を多くしていることが、言語能力や脳の発達を促すことが確認された。

家庭の文化的環境の影響が非常に大きい

　私たちは生まれた瞬間から家庭環境という文化的保護膜に包まれて過ごすため、家庭環境の影響を非常に強く受けている。言語能力の発達にも家庭環境の影響が絶大な威力をもつことは前項でも示した通りである。

　家庭環境の影響が大きいという場合、その具体的な内容は、家庭がどれだけ豊かな言語的刺激を与えているかということ、そしてどれだけ知的好奇心を刺激しているかということになる。

　欧米は階級社会であるため、社会階層によって文化的豊かさが顕著に異なっている。親が用いる言語の豊かさも違えば、言語以外の文化的刺激の豊かさも違う。それは従来から社会言語学や心理学の領域で指摘されてきたことである。

　心理学者のウルフによれば、言語面で恵まれていない家庭の子どもたちと言語的刺激を受ける機会が豊かな家庭の子どもたちでは、幼稚園に入園するまでに耳にする単語の数には３２００万語もの開きが生じるとのデータもあるという。それだけの差があれば、語彙力にも読解力にも大きな差が出るはずだ。実際、子どもが親などから読み聞かせをしてもらった時間の長さによって数年後の読字能力が違ってくることも確認されている。

また、アメリカで識字率向上のための読書推進運動に携わっているモーツによれば、言語的に恵まれた環境にある子どもは、恵まれない環境にある子どもの2～4倍の語彙を獲得しており、両者の語彙数を比較すると、小学校に入学するまでに約1万5千語もの差がみられるという。

これまでは日本では欧米ほどの社会階層差はないとされてきた。どんな階層でも字を読めるし、家庭では新聞を取り、当然のことながら本も読める。だが、グローバル化の影響を受けて成果主義的報酬体系が浸透してきたことで、日本でも文化的階層差は急速に拡大してきているのは無視できない。収入の差が大きくなるほど、子どもに文化的刺激を与える余裕の有無に大きな差ができてくる。そのことが深刻な教育問題にもなってきている。

欧米の研究では、上流階級の家庭の方が下層階級の家庭よりも親が子どもに言語的に働きかける量が多く、何でも言葉で説明する傾向が強く、それが言語能力を中心とする知的発達を促進するとされ、子どもに言語的に働きかけることが推奨される。

ただし、注意しなければならないのは、欧米と日本では親子関係のあり方も異なり、コミュニケーションにおける言語化の比率も大きく異なるということだ。

日米比較研究の結果をみると、日本の場合は欧米のように親子の言語的なコミュニケーションは多くない。親が子どもにいちいち言葉で細かく説明するよりも、気持ちに共感し、状況を読むことを求める。

その意味では、日本の親子関係においては、言語的コミュニケーションそのものよりも情緒的な交流が大切となる。気持ちが通じていることが何よりも重視される。

日本的コミュニケーションの特徴として、何でもはっきり言葉で説明するのではなく、お互いに思いを察し合うということがある。ゆえに、欧米の真似をして親子で積極的に言葉でコミュニケーションしようとすれば、どこか不自然になるし、うっかりすると日本的コミュニケーションの特徴である察する力や共感性の発達に問題が生じる可能性も考えられる。

『「甘え」の構造』（弘文堂）の著者であり、英語にもなった「甘え」（amae）概念の提唱者である精神医学者の土居健郎が、アメリカに研修に行った際に、アメリカの精神科医の共感性の鈍さに驚いた経験について、つぎのように述べていることからも、そうしたことが危惧される。

「私はその間アメリカの精神科医が実際にどのように患者に接しているかをあらためて観察する機会を与えられた。（中略）その結果アメリカの精神科医は概して、患者がどうにもならずもがいている状態に対して恐しく鈍感であると思うようになった。いいかえれば、彼らは患者の隠れた甘えを容易に感知しないのである」

「普通人ならともかく、精神や感情の専門医を標榜する精神科医でも、しかも精神分析的教育を受けたものでさえも、患者の最も深いところにある受身的愛情希求である甘えを容易には感知しないということは、私にとってちょっとした驚きであった。文化的条件づけがいかに強固なものであるかということを私はあらためて思い知らされたのである」（土居健郎『「甘え」の構造』弘文堂）

日本人なら当たり前のように汲み取る相手の思いをアメリカ人はまったく汲み取れない、その鈍感さに驚いたというのだ。何でも言葉にする文化で育つと、言葉になりにくい内面的なことがらを汲み取る共感能力が磨かれないということだろう。

このようなことを踏まえると、欧米の真似をして何でも言葉で説明しようとか無理に何でも話し合うようにしようとする必要はないだろう。言葉だけでなく気持ちの交流ができるのが日本的コミュニケーションの特徴とも言える。

そこも含めて情緒的コミュニケーションをしっかり行って気持ちをつなげながら、ごく自然な形で文化的刺激を豊富にしていく配慮が求められる。

文化施設や蔵書数と子どもの学力

教育学者の腰越滋は、読書にかかわる家庭環境が学校での成功や読書量に影響していることを見出している。たとえば、家の蔵書が多いことが子どもの読書量の多さに関係していた。つまり、家に本がたくさんあるほど子どもは読書好きになっている。

また、博物館や美術館に親に連れて行かれた経験がほとんどないという比率は、本をまったく読まない子で高くなっている。

さらには、ネットゲームやスマホ使用の時間的制限などのしつけが欠如している家庭の子どもほど、不読率が高い、つまり本を読まない傾向がみられる。

このように家庭の文化的環境の度合いが読書行動に影響していることが示されている。

心理学者の内田伸子たちは、学力の格差は幼児期から始まるのかどうかを調べるための調査を行っている。その結果、よく言われるように学力格差は親の経済格差と関係しているが、それは見かけ上の関係に過ぎないという。

つまり、親が経済的に豊かだから子どもの学力が高いというのではなく、高所得の家庭では蔵書数も多く、美術館や博物館に出かけることも多く、そうした文化的刺激が子どもの学力の高さにつながっているのだという。単に経済的に豊かなことが子どもの学力向上につながるわけではない。

前著『伸びる子どもは○○がすごい』でも紹介したので、ここでは簡単に触れるにとどめるが、２０１７年度に文部科学省によって実施された全国学力・学習状況調査の結果と、その対象となった小学6年生および中学3年生の子どもたちの保護者に対する調査の結果を関連づける調査報告書がある。

それをもとに、家庭環境と子どもの学力の関係について検討することでわかったのは、知的刺激が満ちている場に子どもと一緒に出かける親の行動が子どもの学力と関係しているということである。つまり、「子どもと一緒に美術館や劇場に行く」「子どもと一緒に博物館や科学館に行く」「子どもと一緒に図書館に行く」といった行動を親が取っている場合ほど、子どもの学力が高いことが示されたのだ。

データからは、小さい頃から親に連れられて図書館をはじめとする文化施設に出かけることで、子どもたちは知的好奇心を刺激され、そうした経験の積み重ねがその後の学習意欲につながっていることが読み取れる。

さらには、家庭の蔵書数と子どもの学力との間にも興味深い関係が見出されている。つまり、蔵書数の多い家庭の子どもほど学力が高いのだ。

だが、蔵書数は親の社会経済的背景と関係しているのではないかというのは、だれもが思うことのはずだ。データを確認すると、そうした関係は明らかだ。社会経済的地位の高い親の家庭ほど、つまり学歴や収入が高い親の家庭ほど蔵書数が多くなっている。

そうなると、家庭の蔵書数の多いことが子どもの学力を高めているわけではなく、親の学歴や収入の高さが子どもの学力を後押ししているだけだということになる。

しかし、さらにデータを詳細に検討してみると、どうもそういうわけではなさそうだ。社会経済的背景を統制しても、つまり、学歴や収入の低い層でも、高い層でも、それぞれの層の中では、蔵書数が多い家庭の子どもほど学力が高いという傾向がみられたのだ。ここから、家庭の蔵書数が多いほど子どもの学力は高いといった傾向は明らかにあるようだ。

前出のウルフによれば、ロサンゼルスの3つの地域で行われた調査では、子どもたちに与えられる本の数に驚くべき差があった。最も恵まれない階層の家庭には子どもの本が1冊もなく、低所得層から中間層の家庭では平均3冊だったのに対して、裕福な層の家庭には200冊ほどの本があったというのだ。このような差があれば、子どもの読解力にも大きな差が生じる可能性が大きいと言わざるを得ない。これは子ども本人の責任ではないので、知的刺激の乏しい家庭の子どもにとっては非常に痛ましいことである。

先ほどの文部科学省による調査データをもとにした分析をみても、たとえば小学6年生では、蔵書数が0～10冊の家庭の子どもよりも11～25冊の家庭の子どもの方が学力が高い。それよりも26～100冊の家庭の子どもの方が学力が高い。101～200冊の家庭の子どもの学力はさらに高い。そして、201～500冊の家庭の子どもはそれ以上に学力が高く、501冊以上の家庭の子どもの学力が最も高くなっていた。蔵書数ひとつみても、家庭の文化的環境が学力に与える影響がいかに大きいかがわかる。

私たちは、生物として環境に適応して生きるように方向づけられている。人間の場合は、環境といっても文化的環境に適応するように方向づけられている。とくに幼いうちは、生きる世界は家庭しかなく、心の拠り所として家庭以外の環境を選択する余地がないため、子どもは家庭の文化的環境にどっぷり浸かり、その影響を強く受けて育つ。その意味でも、子ども時代の家庭の文化的環境は非常に重要となる。

小学校1年時の語彙力の差は6年時にも変わらない？

語彙力と読解力は相互作用しながら発達していく。たとえば、心理学者の高橋登が小学生を対象に行った調査でも、読解力は低学年から高学年まで一貫して語彙力によって規定され、また語彙力もそれ以前の時期の読解力によって規定されることが確認されている。

ここから言えるのは、読解力があればどんどん語彙を増やすことができ、語彙が豊富なことが読解力のさらなる向上につながるといった好循環がみられるということである。その意味では、語彙力や読解力を高めることが大切となる。

言語能力の発達に関しては、幼児期から児童期にかけての時期が非常に重要になることがわかっている。

たとえば、言語学習について研究しているスワンボーンとデ・グロッパーは、児童を対象に、未知の言葉の意味を文脈から推理させる実験を行っている。

中学や高校時代の英語の試験問題、あるいは入試問題に取り組んだ際のことを思い出してみよう。知らない単語があるからといって諦めるわけにはいかない。文脈を頼りにその未知の単語の意味を推測して読み進んだり、訳したりしたはずだ。それと同じように、未知の言葉の意味を推理させたのだ。

その結果、読解力の高い子は、読解力の低い子よりも、未知の言葉の意味を推理する能力が高いことがわかった。

読解力が高ければ、文脈をしっかり把握できるため、そこから未知の言葉の意味を読み解くことができる。ゆえに、読解力が高ければ、知らない言葉が出てきても文脈を頼りに意味を推理しながら文章を理解できるし、本を楽しむこともできる。

さらに、心理学や教育学の視点から言語学習についての研究を行っているヴァーホーヴェンたちは、小学生を対象に追跡調査を行い、小学校1年生の時点の語彙力の差は6年生になってもほぼ固定されたままであることを確認している。

ここから言えるのは、小学校入学時に語彙力や読解力といった言語能力の高い子は、その後も卒業するまで一貫して言語能力が高く、入学時にそのような言語能力の低い子は、卒業するまで一貫して言語能力が低いままになる可能性が高いということである。

このように小学校入学時の言語能力が将来の言語能力の発達を大きく左右するのだとすれば、幼児期の言語発達に無関心ではいられない。

さらに、ウルフは衝撃的な知見を紹介している。それはカナダの心理学者ビーミラーによるものだが、幼稚園入園時の語彙レベルが下位4分の1に入る子どもたちは、語彙力でも読解力でも平均以上の子どもたちや平均並みの子どもたちに追いつけないままに終わるというのである。しかも、小学校6年生までには同学年の平均的な子どもたちとの語彙力や読解力の差は、ほぼ3学年分にまで広がっているという。語彙と読解力との相互作用のため、幼児期の語彙の発達の遅れは致命的なものになるというのだ。

人間の発達には可塑性があるため、鳥類などのように発達初期の経験がその後の生涯を決定づけるというほどではないし、遅れたら取り返しがつかないなどと焦る必要はない。だが、言葉をどんどん獲得していく幼児期に、豊かな言語環境に触れさせることが大切なのは言うまでもないだろう。

ウルフたちは、幼児期に対象物を命名する能力が、その後の文字を読む能力の発達に関係していることを見出している。

ここから言えるのは、幼児期初期の子どもが指差しながら事物の名前を確認しつつ覚えていくときに、幼児の頭の中では言語能力の発達にとって非常に重要なことが行われているということである。言葉を話し始めた頃の子どもの指差し行動につきあったり、しりとりなどの言葉遊びをすることも、子どもの言語能力の発達にとってとても大事なことなのだ。

その後の言語能力の発達においては、絵本を読んでもらったり、自分で読んだりすることで、語彙力や読解力を高めていくことが非常に重要になってくる。それが順調に進んでいくかどうかで、小学校卒業時点の言語能力まで予測できるというのである。

親の語彙力と子どもの言語能力

家庭での会話で用いられる語彙のレベルが子どもの言語能力の発達にとって重要だという

のは常々言われてきたことである。親が高い語彙レベルを用いていると子どももその高いレベルの語彙を用いるようになり、親が限られた語彙しか用いないと子どもも限られた語彙しか用いることができない。それは、子どもは主に親とのコミュニケーションを通して言葉を獲得していくしかないので、当然のことと言える。

その意味では、子どもの言語能力の発達には、親自身の言語能力が深くかかわっているということになる。

親の影響力としてわかりやすいのはモデリングだ。心理学では、モデルとなる人物の真似をして何らかの行動様式を身につけることをモデリングという。子どもは、身近な親の言動をひたすら真似ることで新たな行動様式を身につけていく。

とくに言語能力の発達に関しては、モデリングの威力は絶大である。何しろまったく言語をもたずに生まれた子がペラペラしゃべるようになるのである。

日本語で暮らす家庭で生まれ育てば日本語を話すようになる。英語で暮らす家庭に生まれ育てば英語を話すようになる。中国語で暮らす家庭に生まれ育てば中国語を話すようになる。

それと同じく、同じ日本語でも、豊かな語彙を用いて話す家庭で生まれ育てば豊かな語彙を獲得し、貧困な語彙を用いて話す家庭で生まれ育てば貧困な語彙しか獲得できない。とにかく何もないところから出発する言語の獲得では、親をモデルとするしかない。となると、子どものためを思うなら、親も少しは頑張らねばならないだろう。

子どもが親をモデルとして言語を獲得する能力には目覚ましいものがある。子どもに教えたわけでもないのに、子どもが自分の口癖を真似るのに驚いた経験はだれにもあるのではないか。

私自身、そのようなことを何度も経験している。さらには、私が幼児語でしゃべると子どももそれを瞬時に獲得し幼児語を話す。そろそろ正しい言葉に修正させた方がよさそうだなと思い、大人と共通の言葉に修正してしゃべると、何度かのやりとりの後、子どもの発話は正しい言葉に修正される。

悪戯《いたずら》心から、いつもは自分のことを「よーくん」と呼ぶ息子に対して、それまでのように「よーくん」と呼びかけずに「うっくん」とほんの何度か呼びかけたら、息子は「うっくんねー、あっかいブーブ（赤い自動車）がすき」というように自分のことを「うっくん」と呼び始めたので、慌てて呼びかけを「よーくん」に戻したこともある。それほどに言葉を急速に獲得中の子どもは親の言葉を瞬時に吸収していくのである。

子が親から学ぶのは語彙だけではない。語彙を増やすには本を読むことが大切と言われるが、子どもが本を読みたいと思うかどうかも、じつは親の態度のモデリングによるところが大きい。

日常生活の中で、親が本を熱心に読むのを見ていれば、子どもはその姿勢をモデリングによって身につけ、本を読むようになる可能性が高い。本を読むことなどほとんどない親のもとでは、子どももその姿勢をモデリングによって身につけ、本にまったく関心を向けない可能性が高い。

ただし、遺伝要因も無視できない。私たちが環境要因、とくに子ども時代は家庭環境の影響を受けて育つのは間違いないが、同じ環境要因が働いても個人のもつ遺伝要因によってその効果が違ってくるということがあるし、個人の遺伝要因が特定の環境を選択させるということもある。

たとえば、親が本を読む姿を見て、「本って、おもしろそう」「自分も本を読みたい」と思う子どももいれば、まったく関心を示さない子もいる。そこには親子間の情緒的関係が良好かどうかといった要因も関係してくるが、子どものもつ素質的なものも関係していると考えられる。

だからといって環境を整えることに意味がないというわけではない。どんな素質をもっていても、たとえばその素質の範囲内においてどこまで知的好奇心が育つかには、環境的刺激の量や質が関係してくる。

また、子どもが素質的に知的能力がきわめて高い場合などは、たとえ家庭環境が言語発達にとってあまり好ましくない場合でも、強い知的好奇心を示し、図書館や書店に連れて行ってもらうことを好んだり、自ら本に関心をもったりして、語彙力や読解力を高めていくことがある。そこで親が図書館や書店に連れて行ったり、家に多くの蔵書があったりすると、子ども自ら積極的に書物に親しむようになる。これが、個人の遺伝要因が特定の環境を選択させるということの一例である。

飛び抜けて学力の高い学生と話した際に、自分の親は本も読まないから家にほとんど本がないため、学校の図書館でよく本を借りていたし、中学生になってからはお小遣いで文庫本を買って読んでいた、と言っていたのが強く印象に残っている。このような子の場合は、家庭環境面のハンディを乗り越えるだけの素質をもっていたことになる。

だが、素質がどうであれ、言語能力の発達に対して促進的な家庭環境を整えることがとても大切なのは言うまでもない。

言語能力の世代間伝達

子どもが親に似ていると、「やっぱり血は争えない」などと言って遺伝のせいにしがちである。わが子の成績が悪いと、「私の血をひいてるんだから仕方ない」などと言う人もいる。

だが、子どもが親に似るのは、遺伝の力によるだけではない。親の影響が色濃くみられる家庭という環境によるところも大きい。先ほどのモデリングの例でもわかるように、子どもにとって親というのは、遺伝要因であると同時に最大の環境要因でもあるのだ。

言語能力については、世代間伝達ということがよく言われる。その場合も、どうしても遺伝要因を思い浮かべがちだが、環境要因を見逃してはならない。

心理学者の猪原敬介は、言語能力の発達に関する諸研究を踏まえて、早期の言語能力が高いほど、その後も言語能力を伸ばしていける傾向があり、その早期の言語能力を規定する重要な要因は、養育者から子どもに伝達される有形無形の資本であるという。

そして、養育者から子どもに伝達される有形無形の資本として、知能、家庭教育、親の社会経済的地位、親の学歴などをあげている。

ここでも遺伝要因と環境要因が絡み合っている。

知能には遺伝が強く関係しており、親の知能が子どもの知能に遺伝的に影響するが、親とのやりとりを通して親の知能レベルの影響を子どもが受けるという意味では、親の知能は環境要因にもなっている。

親の社会経済的地位や学歴は、先に取り上げた家の蔵書数にも影響するだろうし、どんなところに子どもを連れて行くかにも影響するだろうし、読書や勉強に対する取り組み姿勢のモデリングという形でも影響するだろう。そのようなことは家庭教育を方向づけ、子どもにとっての大きな環境要因となる。

前項で取り上げた、親が日常のやりとりで用いる語彙の豊かさや貧困さも、世代間伝達を担う環境要因の一種と言える。親自身がこのようなことを踏まえておけば、たとえ社会経済的地位や学歴にハンディがあっても、そこを補っていくことができるだろう。

　世代間伝達というと、遺伝の力を思い浮かべて、どうにもできないことのように思いがちだが、このような世代間伝達における環境要因に目を向ければ、やりようによっては子どもの言語能力の向上をいくらでも促すことができるとわかり、工夫や努力の方向性も見えてくるはずだ。

　たとえば、言葉を覚えたての幼児の言語能力の発達を促進するには、子どもが文字や言葉を目にする機会が多くなるような環境を与えるのが効果的だと言われる。そういうものを壁に貼ったりする人もいるが、それも一つの工夫だろう。しょっちゅう目にするものは、自然と頭に入るものだ。

　文字や言葉を書いて貼るというような装飾的な刺激を工夫するだけでなく、おもしろそうな絵本や図鑑を身近な場所に置くなど、知的刺激が身近にある環境づくりを心がけるといった工夫もあり得るだろう。

　子どもというのは、探索欲求が強く、未知のものには強い関心を示すものである。書かれている内容はわからなくても、絵本や図鑑の絵や写真を見ながらページをめくるということを繰り返しているうちに、自然に文字にも馴染んでいく。

環境面での世代間伝達について考えていくと、たとえば読書好きの親の姿勢や蔵書の多さが子どもの読書好きを生んだり、反対に読書に興味のない親の姿勢や蔵書の乏しさが子どもの読書嫌いを生んだり、知的好奇心の強い親の姿勢や行動パターンが子どもの知的好奇心の強さをもたらしたり、反対に知的好奇心の乏しい親の姿勢や行動パターンが子どもの知的好奇心の乏しさを生んだりする。

そうした世代間伝達を念頭に置いて、子どもの言語能力の発達を促進する方向に環境を整えていくことが大切である。

もし親自身に読書習慣が欠けている場合には、自らが書物に親しむように努力することも必要だろう。子どもに要求するよりも、親自身が身をもって示す方が効果的であり、それこそが世代間伝達の一側面とも言える。

子どもに絵本を与える場合も、ただ絵本を身のまわりに置いておくだけでなく、ときには一緒に絵本を見たり、読んであげたり、描かれている人物や動物を指差しながら会話を楽しんだりするのも、絵本への関心を高めるのに効果的だろう。

もちろん子ども自身がもって生まれた個性もあるから、いくら環境づくりに腐心したところで、空振りに終わることもある。しかし、たとえ無駄に終わることがあったとしても、子どもをもったからには、その子の将来の可能性を広げるためにできるだけのことをするのは親としての義務なのではないだろうか。

第　3　章

読書はほんとうに効果があるのか？

子どもの読書量と知的発達

読書をするとよいというのは、子ども時代にだれもが言われた経験があると思うが、読書をすると頭が良くなる、勉強ができるようになるというのは、ほんとうだろうか。そこをはっきりさせるために、子どもの読書量と知的発達の関係についてみてみよう。

読書の効果については、読書することで語彙が増えるということが多くの研究によって指摘されている。読書と語彙力の関係については、もう少し後で考えることにしたい。

読書の効果に関する研究では、語彙が増えること以外に、間接経験が増えることが指摘されている。ひとりの子が自分自身で経験できることには限りがある。読書をすることで、その限界を超えることができる。

たとえば、自分の現実の生活ではできないような冒険をすることができる。家と学校の往復だけの生活ではできないような、ワクワクする経験ができる。冒険ものやファンタジーなどにはまる子が多いのも、ワクワク体験を味わえるからだろう。

冒険ものやファンタジーに限らず、読書することで日頃身近に触れることのない動物や昆虫、植物について何らかの知識を得たり、行ったことのない土地について何らかの印象をもったり、歴史上の出来事について、まるでその時代に生きていたかのような経験を味わったりすることができる。

本の中の世界に浸ることで、現実に接することのないとても魅力的な人物に触れたり、現実にはあまり親しいつきあいがなくても行動を共にする仲間たちの世界に身を置いたりすることができるということもある。主人公をはじめさまざまな登場人物の人柄や人生に触れることで、世の中にはいろんな人がいるということが実感できる。こんなふうに考える人がいるんだ、こんなふうに感じる人がいるんだなどと思うことで、人に対する想像力が働くようになる。

こうした経験は、心の中の世界を広げてくれ、現実生活における判断力の向上にもつながっていく。さらには、読書によって知的好奇心が刺激され、さまざまなことに興味をもつきっかけを与えられる。それは、当然ながら知的発達を促すはずだ。

実際、各種調査データをみても、読書と知的発達の間には正の相関関係がみられる。つまり、読書をよくする子どもの方が学力が高い、読解力が高い、思考力が高い、学習意欲が高い、などといったデータがみられる。

国立青少年教育振興機構は、「子どもの読書活動の実態とその影響・効果に関する調査研究」を2012年に実施している。その結果について、翌年刊行された報告書をもとに、子ども時代の読書経験の効果について確認してみよう。その調査研究では、中高生にみられる影響・効果と成人にみられる影響・効果を調べている。

中高生については、子どもの頃に本や絵本を読んだ経験が豊かな者ほど、読書が好きであり、1カ月に読む本の冊数が多く、また1日の読書時間が長いという結果となっている。これは、読書の効果といっても、読書する子にするための効果ということになるが、知的発達への影響はどうなのだろうか。

それについては、子どもの頃の読書活動が多いほど、社会性が高く、意欲・関心が高く、論理的思考能力が高い、などといった傾向を示すデータが得られている。

社会性に関しては、子どもの頃の読書活動が多いほど、「けんかをした友だちを仲直りさせることができる」「友だちに相談されることがよくある」といった人間関係能力が高いことが示された。

意欲・関心については、子どもの頃の読書活動が多いほど、「何でも最後までやり遂げたい」「わからないことはそのままにしないで調べたい」「経験したことのないことには、何でもチャレンジしてみたい」というように意欲や関心を強くもっていることが示された。

論理的思考能力については、子どもの頃の読書活動が多いほど、「複雑な問題について順序立てて考えるのが得意である」「考えをまとめることが得意である」「物事を正確に考えることに自信がある」というように論理的思考能力に自信をもっていることが示された。

さらには、そのような傾向は、就学前から小学校低学年の頃に、絵本をよく読んだ者ほど顕著であり、また自分では本を読めないそうした年頃に家族から本や絵本の読み聞かせをしてもらったり昔話を聞かせてもらったりしたことの多い者ほど顕著であることが示された。

なお、子ども時代の読書活動というのは、つぎのような質問項目によって測定されている。

家族から昔話を聞いたこと

本や絵本の読み聞かせをしてもらったこと

絵本を読んだこと

本を読んだこと
マンガを読んだこと
地域の図書館で本を借りたこと
地域の図書館で調べ物をしたこと

こうしてみると、子ども時代に読書をすることが知的発達を促すというのは確かなようである。また、自分ではまだ本を読むことができない幼児期や小学校低学年の頃に親が本や絵本の読み聞かせをしたり、昔話をしたりといったことも、読書と同じく知的発達を促す効果をもつと言えそうである。

この調査は、成人を対象としても実施されている。そちらの結果をみると、子どもの頃に本や絵本をよく読んだ大人ほど、読書が好きであり、1カ月に読む本の冊数が多く、1日の読書時間が長いといった結果が示されている。読書をすることが習慣化している大人は、子どもの頃から本や絵本に親しんでいたことがわかる。

さらに、子どもの頃に本や絵本をよく読んだ大人ほど、社会性や意欲・関心などが高く、教養があるといった傾向も示されている。

このように、子ども時代の読書が知的発達を促す効果は、中学生や高校生といった学校時代のみならず成人後にまで及んでいることが確認された。

では、子ども時代の読書経験は、どのような形で知的発達を促進するのだろうか。つぎに、読書経験が知的発達を促進する心理メカニズムについてみていくことにしよう。

読書が語彙力や読解力につながる

読書によって知的発達が促進されることに関連する知見として、読書によって語彙力が高まるということがある。心理学や教育学の分野において、読書量が多いほど語彙力が高いということが多くの研究によって示されている。

たとえば、小学校高学年の児童を対象にした研究でも、読書量の多い子の方が語彙力が高いことが示されている。

就学前の幼児を対象とした研究でも、読書量の多い子ほど語彙力が高いことが示されている。

本を読むということは、多くの言葉に触れることでもある。ゆえに、読書によって多くの言葉に触れている子と、読書をあまりせず言葉に触れる機会の少ない子では、獲得している言葉の数が違って当然と言える。

言葉をたくさん知っていれば本を何の苦もなく読むことができるが、言葉をあまり知らなければ本を読むのに苦労する。そこに読書と語彙力の相互作用が生じる。

つまり、よく本を読む子は、語彙力が高いため本を読むことが苦にならず、読書を楽しむことができる。それによって、ますます語彙力が高まり、読書好きになっていく。

一方、あまり読書をしない子は、語彙力が低いため本を読むことが苦になり、あまり読書を楽しめない。その結果、なかなか語彙力が高まらず、読書嫌いになっていく。

こうして、読書を楽しみ語彙力を高めるとともにさまざまな知識・教養を身につけていく子と、あまり読書をせず語彙力が乏しく知識・教養も乏しい子に分かれていく。

もっと年少の2歳前後の幼児になると、自分で読書することはできない。その場合は、本をよく読むかどうかというより、読み聞かせをよくしてもらっているかどうかが問題となる。

読み聞かせの効果に関しても、多くの研究が行われている。そうした諸研究によれば、読み聞かせを始めた時期が早いほど、また読み聞かせの頻度が高いほど、語彙力が高いといった傾向がみられる。

このようにみてくると、独力による読書であっても、読み聞かせによる間接的な読書であっても、読書経験が語彙力を高めると言うことができる。

読書量と語彙力の関係については多くの調査研究が行われているが、幼児期から児童期の子どもを対象とした研究をみても、中学生や高校生を対象とした研究をみても、大学生や大学院生を対象とした研究をみても、どの年代でも一貫して読書量の多い者ほど語彙力が高いといった傾向が示されている。

文章を理解するには語彙力とともに読解力も求められる。言葉をたくさん知っている方が文章を理解しやすいが、文脈を読み取る力もないと文章の意味を十分理解することができない。

そこで、つぎに語彙力から読解力に話題を転じよう。じつは、読書量が多いほど読解力が高いということも、多くの調査研究によって示されている。

たとえば、心理学者の猪原敬介たちが小学校1年生から6年生までの児童を対象に実施した調査において、読書時間や読書冊数、学校の図書室からの図書貸出数などから測る読書量が多いほど、語彙力も読解力も高いことが示されている。

言語学者の澤崎宏一は、大学生を対象に読書習慣と読解力についての調査を行っている。その結果をみると、子どもの頃から現在までの総読書量が文章理解力と関係していた。そして、小説などの読書量が、新聞・雑誌やマンガの読書量よりも、文章理解力と強く関係していた。

さらに澤崎は、文章ではなく単文、つまりたったひとつの文の読解力にも読書経験が関係していることを、同じく大学生を対象とした調査によって確認している。その調査では、読書経験が豊かな者ほど、ひとつの文が自然か不自然か、つまりおかしな文かどうかを正しく判断できることが明らかになっている。

しかも、高校時代や大学時代の読書量より、小中学校時代の読書量の方が、大学生の単文の読解力に強く関係していた。

自分では本を読めない幼児期における親による読み聞かせが、子どもの読解力を高めることもわかっている。幼児期から小学校中学年まで追跡調査した研究によれば、幼児期に親からよく読み聞かせをしてもらった子どもは、あまり読み聞かせをしてもらわなかった子どもよりも、小学校4年生になったときの読解力が高いことが示されている。

　つぎに語彙力と読解力の関係についてだが、小学校2年生前期の語彙力によって2年生後期になったときの文章理解力を予測でき、さらに2年生後期の文章理解力によって3年生になったときの語彙力を予測できることを実証した研究もある。

　語彙が豊かであれば文章を理解しやすく、文章を理解する力があれば、わからない単語の意味を文脈から推測することで新たな語彙を獲得していくというように、語彙力と読解力の間には相互促進的な作用が働いているということだろう。

　このように読書経験が語彙力や読解力の向上につながることが、多くの研究によって証明されている。そうしたメカニズムが、読書が知的発達を促進するということの背景に働いているといってよいだろう。

経験や知識の豊かさが読解力につながる

　本を読むことで学力が高まることの理由をわかっていただけたと思う。

読書によって読解力が高まり、各教科の教科書に書かれていることを理解できるようになる。先生の解説も理解できるようになる。わかれば楽しくなり、もっと知りたくなる。教科書に書かれていること以上のことを知りたくなり、参考書や図鑑などを読みたくなったりする。授業にも興味が湧いてくる。

一方、読解力が乏しいと、教科書を読んでもちんぷんかんぷん、先生の話すこともよくわからないといったことになってしまう。わからなければつまらなくなり、教科書にも授業にも興味がもてなくなる。

ゆえに、学力を高めるには、子どもの頃から本や絵本に親しむことが重要な意味をもつことがわかる。

ただし、本や絵本を読めばいきなり読解力が高まるかと言えば、そんな即効性があるわけではない。いろいろな本や絵本を読むことを通して語彙力が高まり、徐々に読解力が高まっていく。そこには、文章理解というのが文章と読み手の知識や経験が絡み合って進むものだということが関係している。

本に書いてあることを深く理解するには、前提となる知識が求められることもある。ゆえに、読書経験が浅いと、知識が乏しいため、文章の意味をうまく読み取れないこともある。

読書の場合、テレビやＹｏｕＴｕｂｅのように受け身の姿勢で楽しめるわけではなく、文章を解読しながら読み進めるという能動的姿勢が必要なので、読解力が乏しいと、どうしても苦痛を感じてしまうものであり、地道に読書をする根気が必要となる。そこで大切なのは、興味がもてるような内容の本や絵本で読書習慣をつけていくことだ。

読書というのは、ただ書いてあることをそのまま受け取るわけではない。書かれている内容をきっかけに頭に浮かぶことをもとに、文章の理解が進む。私たちは、本を読むとき、自分なりに解釈しながら読み進めていく。だから、同じ本を読んでも、読む人によって汲み取る意味が異なるし、感じることが違ってくる。それは、同じ映画を観ても、とても良かったと言う人もいればつまらなかったと言う人もいるのと同じだ。

芸術鑑賞などでは、人によって受け止め方が違って当然と言える。小説でも、人によって受け止め方が違うのも構わない。しかし、論理的な文章の読解は、できるだけ正確に行う必要がある。

たとえば、教科書に載っている評論文の著者の意見に共感できないというのはもちろん構わないが、批判するにあたっては書かれている内容をまずは論理的に理解している必要がある。そうでないと、理不尽にいちゃもんをつけているようなことになってしまう。

それは小説にもあてはまる。登場人物の生き方や言動に共感しようが反発しようが構わないが、そこに描写されている人物像や出来事の顚末《てんまつ》をしっかりたどれるだけの論理的な読解力は必要である。

話題になっている本のレビューなどをみると、じつにさまざまな受け止め方があるものだと感心する。同じ本を読んだはずなのに、著者の考えに共感し感動さえしている人もいれば、著者の考えに反発し怒りさえ覚えている人もいる。

こうした多様な反応をみれば、読書という行為が、書かれていることをただ単に受け取る受け身の行為ではないということがわかるだろう。本を読むとき、書かれていることに触発されて心の中に呼び覚まされるものがある。それが共感やら反発やらの反応につながっているのだ。

著者に反発している人のレビューをみると、ときに書かれている内容を曲解しているのではないか、そのようなことが書かれていたとは思えないが、と感じることがある。内容のごく一部に強く反応しているような感じがある。自分の中にある思いや何らかの記憶が喚起され、冷静に読むことができないのだろうと思われるケースもある。だが、著者が書いている内容を明らかに読み違えているケースもみられる。

そこで大事なのが、書かれている内容をできるだけ正確に読み取ることである。

学校時代の国語の授業で、教科書に載っている作品の主人公の言動の動機について先生から尋ねられたときの仲間たちの発言を思い出してみよう。「なるほど、そう言われてみればそうだな」と感心する解釈をする者もいれば、「そんなふうに思うのか。たしかにそういう人間もいるのかもしれないな」と意外に思う解釈をする者もいただろう。さらには、「それはあり得ないだろう」と思わざるを得ないような見当違いな解釈をする者もいたのではないか。

本を読むとき、私たちはすでにもっている知識を動員し、自らの経験に照らしつつ、書かれている内容の意味を汲み取ろうとする。そのため、知識の量や質が違ったり、経験が違ったりすれば、同じ文章から汲み取る意味も違ってくる。

同じ文章を読んでも汲み取る意味が人によって違うだけでなく、同じ人物でも、知識が増えたり経験を積んだりすることで汲み取る意味が違ってくる。

授業中に読書の大切さを話すせいか、学生が読書指導を求めに来ることがあるのだが、本を読むようになって知識が増えてきたから、書かれていることを理解しやすくなって、読書が苦痛でなくなってきたと言いに来る者もいる。最初の頃はよくわからないことも多く、読み続けるのが苦痛ですぐに飽きるから1冊を読むのに2週間以上かかったが、最近は3日くらいで読めるようになってきたという者もいる。

私は、学生時代から線を引きながら本を読む癖があるのだが、昔読んだ本を久しぶりに読んでみると、線を引くべき箇所が違っているのを感じることがある。「やっぱりここに線を引いてあるな」と思うことの方が多いものの、「なんでここに線を引いたんだろう」と不思議に思うこともある。それは、当時と状況が違うから切実な関心事が異なるということに加えて、その後いろんな本を読んだり勉強をしたりして知識も増え、またさまざまな経験を積んできたため、以前よりも深く読むことができるようになったということもあるのだろう。

このように、文章を正確に読解するには豊かな語彙や知識が求められるし、文章に書かれていることを実感するには豊かな人生経験が必要となる。ただし、人生経験に関しては、自分自身の直接経験でなくても、本で読んだりした間接経験でも構わない。

たとえば、文章を論理的に読解できても、自然にほとんど触れずに過ごしてきた子は、野鳥について書かれた文章を読んでも、とくに心は動かず、淡々と読むだけになってしまうだろう。一方、自然の中で遊んだ経験が豊富な子は、木陰で鳴いていた小鳥の鳴き声を思い出したり、池で見かけたカモの親子を思い出したりして、温かな気持ちで文章を味わうことができる。

そのような自身の経験が本に興味を示すきっかけとなることが少なくない。幼児期によく遊んでいた子の方が語彙が豊かで学力も高いという調査結果があることは、本書の冒頭で紹介したが、文章に描かれている場面を思い浮かべることができるかどうか、描写されている心理に共感できるかどうかに、経験の豊かさが関係しているのではないだろうか。

読書によって説得力ある意見を発信できるようになる

これからはＡＩの時代だから、単純な作業はもちろんのこと、事務的な仕事の多くもＡＩに任せればよいということになり、きちんと頭を使う人間でないと仕事がなくなると言われ、たえず能動的に学ぶようでなければならないとされる。

また、これまで日本人は与えられた知識を身につけるという形の受け身の学習をしてきたため、自分の意見を書いたり発言したりするのが苦手だからと、アクティブラーニングと称してグループで話し合う授業が盛んに行われている。プレゼンテーションのスキルなどビジネススキルのようなものまで授業で練習させるようになってきた。

だが、私は、現状行われているアクティブラーニングというものが、必ずしも能動的な学びになっているとは思えない。

たとえば、意見の発信は、中身が充実していれば説得力があるが、そうでないと中身がスカスカなのがばれてしまう。大学でグループ討論型の授業について学生たちにアンケート調査をしたところ、学ぶ意欲のある学生ほど不満が多いという結果となった。

グループ討論の授業を高く評価する学生たちがあげる理由で多いのが、座学だと眠くなるけどグループワークだと寝ていられない、グループワークだと調べてこないといけないから予習をするようになった、自分の意見を言う練習になり就活に有利、などであった。グループ討論型の授業に不満をもつ学生たちがあげる理由で多いのが、みんな思いつきを言うばかりで議論が深まらないし知識が身につかない、ただのおしゃべりになってしまい授業料がもったいない、知識がない者同士で話し合っても勉強にならない、などであった。

このような学生たちの反応をみても、しっかり学ぼうとするならまずは知識の吸収が大切だということがわかるだろう。知識偏重の教育が間違いだった、もっと思考力を磨かないといけないということで、脱知識偏重の教育を目指そうといった動きがある。

だが、知識が思考の邪魔になるみたいな考え方は、何か勘違いしているのではないか。知識・教養の豊かな人物が発信する内容より、知識・教養が乏しい人物が発信する内容の方が、思考力が駆使され、よく錬られたものになっているとでも言うのだろうか。むしろ、知識・教養というものは、思考力の裏づけとなるのではないだろうか。

ふだんからいろいろなことに関心や疑問をもち、物事をよく考え、知識・教養の豊かな人物なら、とくに何の準備もしなくてもそれなりに説得力のある意見を述べることができるだろう。でも、ふだんからあまり物事を深く考えることがなく、知識・教養の乏しい人物が思いつきで意見を述べても全然説得力がない。

たとえば、歴史上の出来事が起こった年号や重要人物の名前ばかりを暗記するような学習の仕方より、それぞれの出来事のもつ意味やその後への影響を理解するような学習の方が大切なのは間違いない。

前者のような知識の丸暗記を批判するのはわかる。だが、後者の場合も、知識が重要な役割を果たす。そのように個々の出来事の意味を深く理解するには、多くの文献を読みあさることが必要となる。読書をし、多くの知識を得ることで、それぞれの出来事のもつ意味を深く理解できるようになる。

それをせずに意見を発信するスキルを学ぶようなことをして、何の知識の裏づけもない思いつきばかりを発信しても、けっして知的な発達を遂げることはできないだろう。拙著『薄っぺらいのに自信満々な人』（日経プレミアシリーズ）では、プレゼンテーションやディベートの訓練ばかりを重視し、知識の吸収を疎かにする最近の風潮に警鐘を鳴らしたわけだが、知識の吸収が疎かでは思考は深まらない。

さらに言えば、読書によって語彙を豊かにしておくことで、自分の考えをうまくすくい上げる言葉を見つけることができる。語彙が乏しいと、せっかく何らかのひらめきがあったとしても、それをうまく言葉にすることができないため、考えをまとめることができないし、人にうまく伝えることもできない。

深い思考の裏づけのある意見をまとめるのに力を与えてくれるのが読書である。読書によって知識を吸収したり、語彙を豊かにしたり、多くの人の視点に触れたりすることは、説得力のある意見をまとめたり発信したりするのにとても有益なはずである。

読書が言語能力に関係する神経繊維の発達を促す

私たちは、言葉を使ってものを考える。ゆえに、言葉が豊かになることで思考が深まっていくのは当然のことである。

そこで大事なのが読書ということになる。幼い頃は読み聞かせによって、一人で読めるようになったら読書習慣によって、言葉を心の中に蓄積していくことが知的発達につながっていく。

読書習慣が知的発達を促進することは、これまでにみてきたように心理学の世界ではすでに常識といえるが、このことは最新の脳科学の研究によっても裏づけられている。

脳科学的手法で子どもたちの知的発達の研究を進めている川島と横田たちは、5歳から18

歳の子どもや若者を対象に、「あなたは、漫画や絵本を除く読書の習慣はついている方だと思いますか」と尋ね、その回答を数値化し、同時にMRIで脳の状態を測定しておき、それから3年後の脳の形態の変化を調べるという大がかりな研究を行っている。

その結果、読書習慣の強さは、神経繊維の発達や言語性知能の向上と大きく関係していることが確認された。

読書習慣のある子は、言語能力に関係する神経をよく使うため、神経の連絡が密になり、言語能力に関係する領域の神経走行に変化が生じたと考えられる。それが言語性知能の向上につながっていた。

読書が知的発達を促進するということは、心理学や教育学の多くの研究データで示されていたが、脳画像によっても証明されたわけである。

川島たちによれば、このような変化は大人になっても生じるため、何歳になっても読書習慣によって脳の発達を促すことができることになる。

大学では本を読めない学生が多くなり、講義やゼミでも教員は手を焼いている。私自身も、本を読むのが苦痛で読む気がしないという学生が多いため、関連書籍の中からとくに関心があるものを読んでレポートをまとめるという30年ほど続けてきた課題を数年前にやめることにした。本を読めないという学生が多く、関連書籍の要点やレビューをネット上で検索して切り貼りをするだけのレポートが増えてきて、これでは意味がないと思ったからだ。

もちろん授業中に紹介した関連書籍をつぎつぎに読んで質問に来たり、感想を言いに来たり、さらに読むべき本を教えてほしいと助言を求めに来る学生もいる。先ほどの研究結果を踏まえれば、子どもの頃からの読書習慣の有無によって、脳の機能が違っているのだろうか。

関連書籍を読まないだけでなく、教科書さえ読む気になれないという学生は、平易な言葉でわかりやすく書いてある教科書さえ読んでも理解できない。それ以前に、教科書はつまらなそうで見ただけで読む気をなくすから買わないという学生も今では少なくない。教科書を読んでも理解できない者が教科書なしに授業に出席しても、何もわからないし何も身につかないといったことになってしまう。

これまでに本を読む経験がない、つまり本を読む習慣がないため、本を読むことに抵抗があると同時に、言語性知能の発達が阻害されているのだろう。そのような学生は、先の研究結果を踏まえれば、脳の神経繊維の発達が阻害されているのだから、いきなり本を読むように言っても、なかなか読めないのも当然のことと言える。読解力がないため読んでも意味がわからない。だから読む気がしないわけだ。

子どもの頃からタブレットをいじったり、コンピュータ・ゲームをしたりして遊び、中高生時代にはＳＮＳやインターネットで時間を潰す。そうしているうちに本を読めない脳になってしまったのかもしれない。

このような事情に気がついたとしても、大学生から改めて読書習慣を身につけるのは困難を極める。知的発達のために本を読もうと心に誓っても、読解力不足のためどうしてもつまずきやすい。

でも、そうなってしまったのは、本人だけの責任とは言えない。子ども時代に読書習慣が身につくような環境になかったということがあるはずである。つまり、読書習慣が身につくような環境調整をしたり刺激を与えたりしなかった親の責任も大きいと言わざるを得ない。

知らない言葉がある本が知的発達を促進してくれる

読書の基本は、興味を引くおもしろそうな本を読むことである。

本人があまり興味をもてない本を与えられても、なかなか読む気になれないものである。小学校とかで教育的観点からして読むと良いと思われる本が課題図書に指定され、読むように言われても、どうも読む気になれず、自分の好きな本ばかり読んでしまうということもある。それはべつに悪いことではないだろう。

幼児がお気に入りの絵本を繰り返し読んでいることがあるが、それによって本に親しめるし、言葉も覚えていく。ゆえに、好きな本を読む、興味を引く本を読むというのが読書の基本だ。

だが、いつまでもそればかりだと、言語能力の発達が思うように進まないということにもなりかねない。お気に入りの本に馴染むことは読書習慣を身につけるうえでとても大事なことだ。でも、ときには違う本も読むのが望ましい。

なぜなら、同じ本を繰り返し読むばかりでは語彙が増えないからだ。知らない言葉と出会うことによって語彙は増えていく。また、知っている言葉でも、別の本の中ではちょっと違う意味で用いられたりすることがある。文脈によって意味が異なるからだ。そこで言葉の多義性を学ぶ。

だからといって、いきなり知らない言葉が多い本を与えられ、読むように言われても、子どもは困惑してしまう。読解力が乏しいため教科書も授業もよくわからないという学生が教科書も授業もつまらないと思うのと同じく、まだ語彙力が届かない本を与えられた子どもは、そのような本を楽しむことができない。

たとえば、小学校中学年向きとされる本を幼児に与えても、知らない言葉が多すぎて内容を楽しむどころではなくなってしまう。もちろん語彙力には大きな個人差があるので、本人の年齢よりずっと上の年齢の子ども向けの本を難なく読め、楽しめる子がいるのも事実だが、挫折する子の方が多いはずだ。

そこで大切なのは、まだ読みこなせないけれども、少し頑張れば読みこなせそうな、現状の能力を少しだけ超えるものを読む経験をもたせることだ。容易にわかる言葉ばかりを読んでいても語彙は増えない。そこで、ちょっとだけ負荷をかけることで発達を促すのである。

そのとき参考になるのが、心理学者のヴィゴツキーによる発達の最近接領域という考え方である。

ヴィゴツキーは、10歳の２人の子どもの知能を測定するとともに、ヒントを与えることで何歳相当の難易度の問題まで解けるかを調べた。すると、２人とも独力で解けるのは８歳相当の難易度の問題までだった。これにより、ふつうはこの２人は知能が同じとみなされる。だが、ヒントを与えられた場合、一方は12歳相当の難易度の問題まで解けたが、他方は９歳相当の難易度の問題止まりだった。はたしてこの２人の子どもの知能の発達水準は同じとみなすべきなのだろうか。

これがヴィゴツキーが提示した疑問であった。この２人の子どもは、普通の知能測定では同じ知能水準にあるとみなされる。だが、知能の発達水準は同じとみなしてよいのだろうか、あるいは異なるとみなすべきなのだろうか。

そこで、ヴィゴツキーは、発達水準を２つに分けてとらえることを提唱したのである。

ひとつは、子どもが自力で課題を解決できる水準、いわば現実の発達水準である。もうひとつは、親や教師などの大人、先輩など年長者、あるいは能力の高い友だちなど、他人からヒントを得ることで課題を解決できるようになる水準で、いわば潜在的な発達水準である。

この両者の間の領域が発達の最近接領域である。先ほどの10歳の2人の子どもの事例で言えば、12歳と8歳の間、9歳と8歳の間が、それぞれの子どもの発達の最近接領域ということになる。その領域は、自分よりも知的に発達している友だちや大人などと一緒に考えたりすることで、現実の発達水準にしていくことができる。

3~5歳の子どもたちの現実の発達水準と潜在的な発達水準を測定した研究によれば、現実の発達水準はほぼ実年齢相当だったが、指導のもと、あるいは仲間との協同によって可能になる潜在的な発達水準は5~7歳であった。つまり、潜在的な発達水準は現実の発達水準をほぼ2年上回っていることが確認された。

現実の発達水準が同じでも潜在的な発達水準が異なる子どもたちの知能の発達水準は同じとみなすべきなのかどうか。そういった知能論はここでは棚上げするとして、大事なのは発達の最近接領域というものを意識することである。

適切な教育的働きかけによって、現実に到達している発達水準より、この例で言えば2年先まで広がっている最近接領域を刺激し、潜在的な発達水準が現実の発達水準になっていくように支援するのが教育の役割と言える。

潜在的な発達水準が現実の発達水準になると、それより少し上に新たに潜在的な発達水準があらわれる。そこで、今度はその水準を目指して、最近接領域に働きかけていくことになる。こうした教育の営みによって、現実の発達水準が高まり、それによって潜在的な発達水準が高まるといったことが繰り返されていくのである。

このような教育的働きかけのことを足場かけと言う。足場かけによってできるようになったら、今度は徐々にひとりでできるように支援の仕方を調整していくことになる。

ヴィゴツキーが、遊びが最近接領域を刺激し、２つの発達水準を高めるとするように、子どもは親との遊びや仲間たちとの遊びを通して発達していく。

そうした遊びのひとつとして、絵本や本を一緒に読むというような活動を位置づけることができる。子どもがひとりでは読めない絵本や本を親が一緒に読んであげるのを繰り返すことで、子どもは新たな語彙を獲得し、文脈の中での言葉の意味を理解できるようになり、読解力を高めていく。そうすることで、やがてひとりでその本を読めるようになっていく。

本を読むときに限らず、子どもがいろいろ質問してくることがあるが、それは自分の中の疑問を解消したい、わかりたいという思いの発露であり、潜在的な発達水準に分け入ろうとする試みであり、きわめて能動的な学びの動きとみなすことができる。

ゆえに、子どもの疑問にていねいに応答することはとても大事である。忙しいと、つい適当にあしらってしまったりしがちだが、それは子どもの知的発達にとって重要なやりとりになっているのである。

ただし、自ら疑問をもち、それを解消しようと積極的に動く子もいれば、そうした動きがあまりみられない子もいる。そこには個人差がある。後者の場合は、親の側から質問したりして子どもの知的好奇心を刺激してあげることも必要だろう。

自分以外の視点が手に入り、認知的複雑性が高まる

よその家庭の話を聞くと、うちと随分違うなあと思うことがあるだろう。羨ましいなと思うこともあるだろうし、うちのがマシだなと思うこともあるだろうが、それによって、自分が日頃当たり前と思っていることが、けっして当たり前ではないことに気づかされる。

小学生や中学生の頃、友だちの家に遊びに行っても、似たような経験をしたことがあるの

ではないか。

自分の家は親が神経質なほどに綺麗好きでゴミひとつ落ちてないのに、友だちの家はゴミ屋敷みたいに散らかっている。自分の親はものすごく厳しくて約束を守らないと叱られるのに、友だちの親はものすごく甘くて子どもの言いなりみたいになっている。自分の親はいつもふざけていて親としての威厳を感じることはないが、友だちの親は威厳に満ちていて、からかったりふざけたりする感じがない。自分の親は感情的でしょっちゅうパニックになったり怒鳴ったりするのだが、友だちの親はとても冷静でパニックになったり怒鳴ったりするなど想像できない。

内容はともあれ、そのように自分の家と友だちの家の雰囲気のあまりの違いに驚いた経験があるはずだ。自分の常識は友だちにとっては常識ではない。それに気づくことが成長のきっかけになる。友だちと遊んだり、友だちの家に行ったりする経験を通じて、しだいに自分の視点を相対化できるようになっていく。

でも、幼いうちは自分の視点しかもっていない。知的能力の発達には、語彙数の増加や文法構造の習得だけでなく、認知の発達全般が大いに関係してくる。なかでも重要なのが、自己中心性からの脱却だ。

心理学者のピアジェは、2歳から7歳の幼児期の特徴として自己中心性をあげ、そこから脱却することがこの時期の課題であるとしている。ピアジェの言う自己中心性というのは、自分の視点しか取れず、他人の視点から物事をみることができないという意味である。

たとえば、この段階になると、石を食べ物に見立てたり、友だちをお父さんに、自分をお母さんに見立てるなど、ある物や人で別の物や人を表象することができるようになり、ごっこ遊びができるようになる。それは大変な知的機能の発達なわけだが、まだ一緒に遊んでいる友だちの視点に立つことが十分にできない。

この段階の自己中心性を確認するために、ピアジェは、「三つ山問題」という課題を開発した。それは、高さが違う三つの山が前後にずれて並んでいる模型を見せるものである。たとえば、手前からみると、右手奥の山が一番高く、左手の山が中くらいの高さで、右手前の山が一番低い。この模型を手前から見るのでなく、右横から見たり、左横から見たり、向こう側から見たりしたら、それぞれ見え方は違ってくる。

でも、この段階の子どもは、それがよくわからない。手前から見た図、右横から見た図、向こう側から見た図、左横から見た図を用意し、右横から見ている友だちにはこの三つの山はどのように見えるかと尋ねると、自分が今見えている図と同じ手前から見た図を選ぶ。

つまり、自分以外の視点を取ることができない。自分の視点を抜け出すことができないのだ。まさに自己中心的な認知の段階に留まっているということになる。

もちろん、こうした発達には個人差もあるし、2歳から7歳までずっとこのままというわけではない。徐々に他人の視点を考慮し、自分の見え方と多少違う見え方を想像できるようになっていく。そうした自己中心性からの脱却という意味での認知能力の発達は、コミュニケーションとしての言語発達にも影響する。

たとえば、相手の気持ちに共感できるようになったり、相手の立場を想像できるようになることで、相手が口にする言葉の意味がわかるようになる。自分の視点しかなかったときには平気で自分勝手なことをしていた子も、相手の立場を想像できるようになると、相手の言葉の意味を理解し、相手を思いやった行動を取ることができるようになる。

このような言語能力の発達には、親など周囲の大人の働きかけが大きく作用する。子どもは、周囲の大人たちの話しかけてくる言葉や話し方を真似るものだが、そこに他人の視点に想像力を働かせる共感的な言葉が頻繁に登場すれば、共感的な言葉を真似ると同時に、共感的な視点を取れるようになっていく。その意味では、どのような親の言葉や視点をモデルに育つかということが非常に重要な意味をもつ。

だが、この段階の子どもが自己中心性を脱却するには、親をモデルにするだけでは不十分だ。親といってもさまざまで、他人に対する共感性の豊かな親もいれば、自己中心性から十分に脱却していない親もいるからだ。

大人になっても幼児期特有の自己中心性から必ずしも脱却できていないというのは、自分勝手でわがままな大人がいたり、なぜウチの子が主役じゃないのかとか、ウチの子の成績が悪いのは先生の教え方が悪いから先生を代えてほしいなどと、幼稚園や学校にクレームをつける親がいたりすることでもわかるはずだ。そのような大人は、自分の視点からしかものを見ることができず、想像力を働かせて他者の視点に立ってみるということがないため、人の気持ちに共感することができず、また、冷静にものごとを受けとめることができず、自分の態度が人からどう思われるかということを想像することもできない。だから人とうまくやっていけないということになりがちだ。

　そのように親といえども自己中心性を脱却していない者もいるということに加えて、先ほど述べたように、どんな家庭にもそれぞれ偏りがあるということがある。幼い子どもは親の視点を絶対的なもののようにみなしているが、当然ながら、よその親には違う視点があったりするものだ。

　そこで威力を発揮するのが読書だ。読書によって家庭環境の限界を飛び越えることができる。自分の親とはまったく異質の作者や自分とはまったく異質の登場人物といった他人の視点に触れ、「そんな目に遭っている子もいるんだ」「ウチの親と全然違うなあ」「ああいう家で育ったら、僕はどうなふうになってただろう」「僕にはそんな勇気はないのに、すごいなあ」などと思いながら、自分以外の視点を取り込んでいくことができる。

　それによって、読み始めた頃は、「なんでそんな意地悪をするんだろう」「どうしてそんなふうにひねくれて考えるんだろう」「どうしてあんなふうにやさしくできるんだろう」「なんであんなふうに頑張れるんだろう」などと不思議に思い、理解できなかった登場人物の気持ちが、しだいにわかるようになってくる。

　読書により多様な作者や登場人物の視点に触れ、それを自分の中に取り込んでいくことで、人の気持ちがわかるようになり、自分自身の偏りにも気づくことができるようになる。それと同時に、物事を多角的に検討し判断することができるようになっていく。そうした知的発達は、当然ながら学力の向上につながる。

知らない世界が開け、知的好奇心が刺激される

世界的に活躍する建築家の安藤忠雄は、子どもたちと本との出会いの場を増やしたいといった思いのもと、「こども本の森」の建築に精力的に取り組んでいる。その設計・施工にかかわる費用はすべて安藤が負担し、完成後に自治体に寄贈することになっており、2020年に大阪に「こども本の森　中之島」が完成し、2022年には神戸で完成予定という。

「こどもは未来の宝。そしてこどもの心の成長のための一番の栄養が本です。こども時代の読書で、好奇心や想像力を育むことが大切です。私も若い頃、本を読むことで、建築家への夢と希望を膨らませました」と言う安藤は、「これからの時代は変化が大きく、何が起こるかわかりません。どんな状況に直面しても、自分の頭で考え、未来を切り開いていく力が必

要です。そのためにも、こども時代にたくさんの本を読み、様々な文化に触れ、知的体力を養っておくことが大事です」と、読書の大切さを説く（朝日新聞2021年2月6日付）。

大学生を40年近く相手にしてきたが、同じ年齢でも知的好奇心にはものすごい個人差がある。先述のように、授業で習ったことを刺激にして自分で図書館に行って関連するテーマの本を片っ端から読んでいく学生や、どんな本を読めば理解が進むかとアドバイスを求めてくる学生たちがいる一方で、最低限の読書対象である教科書さえ買うのがもったいないと言って何も読むことなしに最低点でよいから単位だけ取ろうとする学生もいる。

そうした差は、けっして大学生になって突然開いたわけではない。幼児期や小学校時代にでき始め、中学時代、高校時代としだいに拡大してきたのだろう。

それを考えても、できるだけ幼い頃から知的好奇心の芽を育てるべきだし、知的刺激を与え、知的刺激の溢れる環境づくりを心がけることが大切だ。

私たちが生きている世界はきわめて限定的で、現実に経験できないことが無数にある。著名な学者や作家、芸術家、スポーツ選手などと知り合うことは現実にはほとんどあり得ないので、そのような人たちがどんな人生を歩んできたのか、何を考え何を支えにしてきたのかを尋ねることなどできない。

だが、読書という手段を用いれば、そのような人たちの人生に触れ、その生きてきた世界を追体験することができる。現実には出会えない人たちと出会い、その考えを聞いたり、その経験を語ってもらったりすることができる。

人物像に限らず、自分が生まれる前の歴史的な事件についても、自分がなかなか経験できないことについても、自分が容易には行くことのできない土地についても、読書を通せばいくらでも間接的に経験することができる。

それはとても刺激的で、わくわくする経験になる。読書のもつ醍醐味は、現実の制約を超えてあらゆる経験ができるところにある。読書することで得られる快感を子ども時代に味わった者は、読書にはまり、知的好奇心に駆り立てられていくが、そのような経験をするきっかけのなかった者は、知的好奇心の芽を育てることなく大人になっていく。それはちょっと淋しいことではないだろうか。

自分が現実に経験できることの中にも刺激的なものがたくさんあるという人もいるかもしれないが、やはりそれだけでは生きる世界がどうしても限られてしまう。あらゆる知的刺激を含む環境を生きることなど実際にはあり得ない。読書を通して間接的に経験したことに知的好奇心を刺激されるというのがふつうだろう。

患者の治療に情熱を燃やす医師の伝記を読んで感動し、医師を目指して本気で勉強するようになった。野球選手の伝記を読んで、その根性に感銘を受け、自分も厳しい練習にへこたれずに頑張れるようになった。天体についての本を読んだのがきっかけで、もっと知りたいという気持ちが募り、天文関係の本を読みあさるようになった。昆虫の本を読んで、すごく興味を引かれ、昆虫採集に熱が入り、昆虫の研究が生涯の趣味になった。そのように読書をきっかけに知的好奇心が刺激され、それが人生を大きく左右することもある。

そこまでではなくても、読書によって知らない世界に触れ、心の世界が広がっていく。本を読めば読むほど心の世界はどんどん広がっていく。知らないことを知ると、新たな疑問が湧き、さらに知りたくなり、本を読む。すると、さらに知りたいことが出てくる。

こうした読書と知的好奇心の好循環によって、心の世界が広がるばかりでなく、語彙力や読解力が高まり、知的好奇心が旺盛になることで、将来の可能性がよりいっそう開けていく。

脳科学によって、読書による脳の神経繊維の発達は大人になってからも続くことがわかっているが、読書による心の中の世界の拡張も大人になってからも続く。

2020年末に画家で絵本作家の安野光雅が亡くなった。若い頃、その挿絵ばかりでなく文章にも触れており、そのニュースが強く印象に残っていたためか、先ほど書店に行ったときに安野の本が目についた。すると、その横に、彫刻家の佐藤忠良と安野の対談集があるのに気づいた。仙台の宮城県美術館の中にある佐藤忠良記念館に行ったときに心を動かされ、図録を買ってきたことがあったので、その対談集が気になり買ってきた。たまたま出会った本だが、早速いろんなところに線を引くことになった。

佐藤は、彫刻は演劇とか音楽とか文学と違って、芸術の中でいちばん時間性が奪われていると言い、「人の顔をつくるときは、その人の怒りや喜びや過ごしてきた時間、過去と現在と未来までも、時間性を粘土の中にぶち込もうとする。それが彫刻家の苦しさだと思う」と語っている。さらには、「リンゴを描きたいときは、その作家の全内容がそこに投影されて描きたくなる。描きたいなと思ったときに、作者のあらゆる哲学的なものや、思想的なものなどが投影できれば、絵のリンゴのほうが実際のリンゴよりよく見えてくる」のだと言う。

美術大学の学生たちには木の根っこを掘らせるそうだが、それは「根っこはどんなに切ない思いをして石抱えて、上を支えているか、それを見ろ、ということなんです」というように、含蓄のある言葉を吐く。（佐藤忠良・安野光雅『若き芸術家たちへ　ねがいは「普通」』中公文庫）

記念館で見てきた彫刻を思い出しながら、なるほど、そういうものなのか、と思う。私にはそのような苦闘をした経験もないし、もちろん彫刻もしないし、一流の彫刻家の知人もいないので、読書を通じてでないとこうした知見に触れることはできない。そして、本を通して感じ取ることとは、過去に読んだことや自分自身が経験したことの蓄積の上に成り立っている。

佐藤も安野も、学校の美術の教科書づくりに苦闘した経験があるそうだが、美とは何かという問題について、安野はつぎのように言う。

「そもそも『美しい』とは何か。昔の美術指南の書物には、例外なく『絵は美を表すものだ』と書いてあった。純情なわたしは『美』というものが知りたくなった。なぜなら美が分かって、それを描けば絵ができることになるだろうからだ。ところが『美』だなんて、だれも教えてはくれないし、だれにも特定して示すことはできはしない。だいいち定義することもできない。

わたしたち人間は、痛いとか、腹がへったとか、怖い、恋しい、などいろんな感情とともに生きている。ゴキブリを見ておどろき、花を見て摘みたくなり、ヌードを見て心を動かし、夕日を見てなにほどかの反省をしたりする。つまり自然の中で生きていくとき、その自然に心を動かされた経験が積み重なって『美しい』という感性を育ててきたのだ。」（同書）

なるほどと心から納得するが、こうした著者の言葉を読まなければ、自分ひとりでこのような考えが頭に浮かんだとも思えない。

自分は子どもの頃から本を読むのが好きだったし、なぜ人に本を読むことを勧めるのかというと、自分のおもしろかった世界をみんなに知ってもらいたいからなのだという安野は、さらにつぎのように語っている。

「子供のころから本を読むのは好きでしたね。すべては小学生時代に決まります。子供のころ本を読まなかった人が、大人になってから急に読み始めるのでは遅いと思う。本を読むのは、そのスピードとの関係も大切で、これは運動神経だという気がします」

これも納得の言葉だが、私は読むスピードというより習慣形成が気になる。本を読まなくてはと思い読書指導を求めに来て、思い切って挑戦しても、すぐに挫折する学生が多いが、それも読書習慣というのはすぐに身につくものではないからだ。

語彙力や読解力の蓄積がないと、いきなり本を読もうとしてもかなりの苦行になってしまう。だからこそ、子ども時代に読書をする習慣を身につけ、本を読むことへの敷居を低くしておくことが大事なのである。それによって心の世界をどこまでも広げていくことができる。

非日常の世界を生きられる

子どもは空想の世界をもつことで大きな自由を手に入れる。

現実の世界は、能力的に自分にはできないことがあったり、行きたくても遠くて行けないところがあったり、さまざまな制約がある。とくに子どもの場合は行動範囲に大きな制約がある。

でも、空想の世界では、やりたいことは何でもできるし、行きたいところはどこでも行ける。あこがれのヒーローやヒロインになることもできる。

ままごとをしたり、怪獣ごっこをしたり、正義のヒーローのように闘ったり、ごっこ遊びの中で子どもたちは想像力を思う存分発揮する。子どもがマンガやアニメの主人公の真似をして遊んでいるのを見ていると、空想の世界で自分以外の存在になりきっているのがよくわかる。

でも、いくらごっこ遊びでも、現実の世界にとどまっている限り、非日常の味わいにも限界がある。たとえ気持ちの上でなりきっても、空を飛ぶことはできないし、親に内緒で冒険の旅に出ることもできない。

そうした限界を突き破り、空想の世界への扉を開いてくれるのが読書だ。本の中には、自分の日常とはまったく異なるワクワクする世界が広がっている。

引っ込み思案でなかなか友だちのできない子も、本の中では親しい友だちと毎日遊んだり、一緒に秘密基地をつくったりすることができる。運動神経の鈍い子も、野球やサッカーで大活躍してみんなの注目を集めることができる。毎日学校に通うだけの生活に退屈している子も、冒険の旅に出て刺激的な日々を送ることができる。月や星を眺めるのが好きだった子がロケットに乗って宇宙を探検したり、昆虫や植物に興味をもっている子が森の中に入って珍しい昆虫や植物を見つけたりすることもできる。

書物を通して新たな世界を経験すると、日常を見る目にも変化が生じる。それまで考えなかったことを考えるようになる。それまで気にとめなかったことにも興味が湧いてくる。もっと知りたいという思いやもっと楽しみたいという思いが強まってくる。

そうした読書の魅力を味わった子は、読書によって日常とは別の世界を楽しむのが癖になる。本を読んでいる間は、現実とは違う時空を生きることができる。そうした楽しみに浸ることで、想像力が鍛えられるとともに、語彙力や読解力も高まっていく。

想像力が飛翔し、発想が豊かになる

読書により非現実の世界に遊ぶことができるというと、ファンタジーやミステリーを思い浮かべる人が多いのではないか。私自身の子どもの頃の読書体験を振り返ってみても、葉っぱの下にこびとが住んでいるコロボックルの物語や秘密の花園を探索する物語など、現実離れした物語に夢中になったのを思い出す。大人のミステリーのような現実味のあるものではなく、もっと呑気な探偵物語に夢中になったこともある。

そういった現実離れした物語の世界に引き込まれ、文字を追うのももどかしい思いで、想像力を全開にして読んだものだった。

だが、小説に限らず、評論や随筆、伝記などノンフィクションものを読むときも、文字を追いながらさまざまな出来事が思い起こされたり、自分の思いや考えが喚起されたりして、想像力や思考力がフル稼働することになる。

そのように本の世界に引き込まれ、夢中になって文字を追うとき、さまざまな知識や出来事や思いが連想され、頭の中に浮かび上がってくる。これまでに記憶の中に蓄積されているものが多いほど、想像力豊かに楽しむことができ、また多くの気づきを得ることができる。

本を読むことで頭の中が活性化され、ただおもしろいというだけでなく、ものの見方・考え方に目からウロコの発見があったりする。

どのような本を読むにしても、読書というのは作者が書いた物語や論理を単に受け取るといったものではなく、その文章をきっかけに想像力や思考力や想起力を駆使して自分なりの心の世界を築き上げていく、きわめて能動的な行為なのである。

近頃は、映像で楽しむことが多いかもしれないが、文字と映像では、楽しんだり理解したりするために必要となる想像力やイメージ構成力が著しく異なる。

映像を見た場合と見ない場合で、その後の想像力にどのような違いが出るかを確かめた実験がある。それは、物語の前半をテレビで見せ、あるいはラジオで聴かせて、物語の後半を自由に創作させるというものである。

その結果、テレビで前半を見せた場合より、ラジオで前半を聴かせた場合の方が、創造性の豊かな物語になっていた。

それは、テレビだと登場人物の姿も風景も、場面展開も、すべてが映像として与えられているから、視聴者は自ら想像力を働かせて人物像や風景などを構成する必要がないが、ラジオの場合は声しか与えられないので、登場人物の見た目も風景も聴取者が想像して構成するしかないからだろう。

この実験には含まれていないが、前半に本を読ませるということをすれば、さらに創造性が発揮されるはずである。それは、考えてみれば当然のことと言ってよいだろう。本の場合、書かれている文字の列から、登場人物の容姿・容貌、服装、歩き方、しゃべり方、声、そのときどきの表情、周りの景色、状況、出来事の様相などを、想像力や論理能力によって頭の中に構成しながら読み進める必要がある。そうでないと内容を理解できないし、楽しめない。字面をただたどるのではなく、そこから具体的なイメージを立ち上げる心の作業が求められる。

ゆえに、本を読むことによって、文字から具体的なイメージを立ち上げる力が磨かれる。そうした経験が乏しく、想像力や論理能力、イメージ構成力が鍛えられていないと、読書を楽しむことができず、本が苦手ということになりがちだ。

権力者は読書する人物を警戒する？

本章では、読書が知的発達を促進するということの科学的根拠と、その心理メカニズムについて解説してきた。この章の最後に、読書が知的発達を促進することを間接的に示す根拠についても触れてみたい。それは、今も愚民政策という形で取り沙汰されることが多い考え方である。

読書の歴史について本格的な考察をしている批評家のマングェルに基づき、愚民政策とも言うべき読書の禁止について、その実態をみていくことにしよう。

17世紀のイギリス領植民地やアメリカでは、奴隷を使う人たちが、文字を読める奴隷を怖れていた。なぜなら、彼らが本を読むようになると、いろんな知識に触れ、ものを考えるようになり、奴隷という理不尽な扱いに抗議するようになる怖れがあるからだ。その後も、そうした風潮はなかなか変わらなかった。

１９３０年代にかつて奴隷であった人たちの個人的回想などを記録しておく目的で、アメリカで連邦書記計画が推進されたそうだが、そのインタビューでは、本をもっているのを雇い主に見つかり鞭で打たれたエピソードや、ものを読んだり書いたりしているのを見つかると鞭打ちされ3度目になると人差し指を第一関節からもぎ取られたというエピソードや、仲間に綴りを教えようとした奴隷が農園の所有者により縛り首になったエピソードが語られている。

読書を禁じられたのは、何も奴隷に限らない。１８６５年、煙草生産業者であり詩人でもあったキューバのマルティヌスという人物は、労働者のために新聞を発行しようと考えた。それには時事問題だけでなく、自然科学や文学、詩や短編小説なども載せようと考えた。そして、ついに発行したのだが、キューバの労働者の識字率は低く、文字が読める人はわずか15%にすぎなかった。

そこで、工場労働者たちのために朗読会を開くことにした。朗読会は大盛況となり、別の工場でも朗読会が開催されるようになった。ところが、こうした動きに危険な匂いを感じた政府高官が、ついに1866年、つぎのような命令を発するに至った。

「一、煙草会社の労働者ならびにあらゆる種類の工場や会社に勤める労働者を、書物や新聞の朗読会、あるいは彼らの仕事には関係のない討論によって混乱させることを禁じる。

二、警察は、この命令が守られるよう常に警備にあたり、命令に従わない工場の代表者もしくは管理者は、違反の程度に応じて、法により処罰されるものとする」（マングェル　原田範行訳『読書の歴史　あるいは読者の歴史』柏書房）

そこまでせずにはいられないほど、経営者や為政者にとって、従業員が本を読めるようになることが怖かったのだ。

それは、本を読めば思考力や表現力が高まり、自分たちが不当な扱いを受けていることをはっきり認識してしまうし、不満をぶつける手段を手に入れてしまうからである。愚民政策の一環として、読書を遠ざけようとしたのである。

こうした動きは、読書がいかに知的発達に効果をもつかを裏づけるものとなっている。つまり、私たちは、読書によってものをよく考えることができるようになり、自分の思いや意見を理路整然と述べることができるようになるのである。

当時のキューバでは、識字率が低く、書物を所有するのは富裕層に限られ、多くの人々は読書などできずにいた。今でも、庶民は本などほとんど読まないという国々もあるが、日本では識字率がきわめて高く、国民のほとんどが新聞を読み、本を読むと言われてきた。しかし、このところ日本でも本を読む層と読まない層の二極化が指摘されるようになっている。それは、非常に危ういことと言わなければならないだろう。

第　4　章

なぜ読解力が
身につかないのか？

小学1年生から読書傾向の二極化が始まる?

まず最初は、小学生の読書傾向についてみていくことにしたい。

小学校の図書室については、書棚に並んでいた本をおぼろげながら思い出すことはできるものの、司書の先生がいたかどうかは覚えていない。今でも司書が配置されている小学校は6割程度なので、配置されていなかったかもしれない。

小学校のときのことはよく覚えていないが、高校時代は図書室の司書の先生にずいぶんお世話になった。大学4年生で母校に教育実習に行ったときも、別の先生に代わっていたが、やはり図書室の司書の先生にお世話になった。

学校の図書室には、司書の先生以外にも、図書館便り、蔵書やその配置など、子どもたちが読書習慣をつけるための心強い仕掛けがある。

全国学校図書館協議会が毎年実施している学校読書調査というものがある。2019年に実施された第65回学校読書調査の結果をみてみよう。第65回というのだから、60年以上も続いている貴重な調査と言える。

その調査は、毎年６月に行われるが、記憶に新しい５月の読書傾向について答えるようになっている。集計結果をみると、２０１９年の小学生は、５月の１カ月間に平均11・３冊の本を読んでいた。これはかなり多いと言ってよいのではないか。過去のデータと比べてみると、２００５年までは６～８冊の間を推移していたが、２００６年に９・７冊になって以来、この10数年はおよそ10～12冊となっている。

子どもたちが本を読まなくなっていることが教育界で深刻な問題と受け止められ、２００１年に「子どもの読書活動の推進に関する法律」が公布され、翌２００２年に「子どもの読書活動の推進に関する基本的な計画」が策定された。ものを考えない人間を増やし、統治しやすくするという、前章の最後で触れた愚民政策は、日本では公的には行われておらず、むしろものを考える人間に育てる方向に教育行政が動いていることがわかる。

それを機に、学校では子どもたちの読書を推進するためにさまざまな工夫がなされるようになった。２００６年頃から小学生の読書冊数が増えてきたのは、そうした教育者たちの努力の成果と言えるだろう。

だが、いくら学校側が読書を推進するための方策を試みても、本を読まない子がいなくなるわけではない。２０１９年の不読率は６・８％となっている。不読率というのは、１冊も本を読まない子どもの比率である。不読率は、２００２年に10％を割り、２００５年に５・９％になって以来、ほぼ同じような水準で推移している。これは比率としては低いものの、全国の小学生の数からして、その実数はかなりのものになる。

ここで別の調査データもみてみたい。東京大学社会科学研究所とベネッセ教育総合研究所が、２０１６年に「子どもの生活と学びに関する親子調査」を実施している。その調査では、子どもたちの本を読む時間を調べている。

具体的な設問としては、「あなたはふだん（学校がある日）、つぎのことを、１日にどれくらいの時間やっていますか」という問いかけがあり、「本を読む」時間などを尋ねている。小学校３年生までは保護者が回答し、小学校４年生以上は子ども自身が回答する。

データをみると、平日に本を読む時間の平均は、小１で15・０分、小２で16・２分、小３で17・６分、小４で20・４分、小５で22・３分、小６で23・４分というように、少しずつではあるが学年の上昇とともに増えている。

だが、平均というのは、この場合はほとんど意味がない。なぜなら、たとえば小３では、まったく読まない（0分）子が22・9％いる一方で、2時間以上読む子が0・8％、1時間読む子が8・3％、30分読む子は22・6％もおり、平均に近い15分読む子は16・5％しかいないからだ。1日の読書時間は0分から2時間以上まで大きくばらけている。

この調査結果報告では、まったく読まない（0分）子の比率が学年の上昇とともに増えているところに着目し、読書時間は学年が上がるにつれて減少するとしているが、先に示したように平均読書時間でいえば、わずかずつだがむしろ増えている。

そこで着目すべきは、まったく読まない子が学年の上昇とともに増えている一方で、2時間以上読む子が小1の0・5％から小6の4・1％まで8倍ほどに増え、1時間読む子も小1の4・7％から小6の10・2％まで2倍以上に増えていることだ。

つまり、学年が上がるにつれて、長時間読書をする子も、まったく読書をしない子も、どちらも増えていく。

ここからわかるのは、読書時間の二極化という現象が、すでに小学校1年生の段階から始まっているということである。

なお、以下は小4から小6までを対象としたものだが、読書時間と成績の関係についてみると、まったく読まない子は、成績上位層19・8%、中位層24・3%、下位層32・3%というように、成績が良いほど少なくなっていた。逆に、2時間以上読む子は上位層5・0%、中位層3・0%、下位層2・3%、1時間読む子は上位層12・0%、中位層9・0%、下位層6・8%、30分読む子は上位層23・8%、中位層20・6%、下位層16・6%というように、長時間読書する子は成績が良いほど多くなっている。

つまり、成績が良い子ほど読書時間が長いということが如実に示されている。

さらには、「論理的に（筋道を立てて）考えること」が得意な子は読書時間が長いほど多く、苦手な子は読書時間が短いほど多くなっていた。「わからないことや知らないことを調べること」についても、得意な子は読書時間が長いほど多く、苦手な子は読書時間が短いほど多くなっていた。

保護者の影響に関しては、「本などに感動する」保護者の子どもほど読書時間が長くなっていた。ここから言えるのは、保護者が本を読み感動する姿を身近に見ているかどうかが、子どもの読書傾向に影響しているということである。

中高生の読書傾向

ここで再び全国学校図書館協議会が２０１９年に実施した第65回学校読書調査の結果をみてみよう。この調査は、小学生だけでなく、中学生や高校生にも実施されている。

5月1カ月間の平均読書冊数は、中学生４・７冊、高校生１・４冊となっている。小学生が11・３冊であることからして、学校段階が上がるほど読書冊数は著しく減少していることがわかる。

中学生の1カ月間の読書冊数は、２００１年までは2冊前後だったが、２００２年に２・5冊になってから3冊前後を推移し、２００８年に３・９冊になって以来ほぼ４冊以上となっており、２０１９年は４・７冊と最も多くなっている。

高校生の1カ月の読書冊数は、２００４年、２０１０年、２０１１年と2冊に近づくことがあったものの、この30年間はほぼ１・５冊前後となっている。

5月1カ月間にまったく本を読んでいない不読者の割合、いわゆる不読率は、中学生12・5％、高校生55・３％となっている。これも、小学生が６・８％であることからして、学校段階が上がるほど不読率は著しく高くなることがわかる。とくに高校生では不読者が半数を超えている。

中学生の不読率は、2001年までは40%を超えていたが、2002年に40%を割り、2007年に20%を大きく割り込んで以来、15%前後を推移しており、2019年の12・5%は最も低い数値となっている。

高校生の不読率は、2001年まではほぼ60%台だったのが、2004年に42・6%と急激に低下して以来、50%前後で推移している。

このように中学生も高校生も、2002年から2004年にかけて不読率が低下しているが、それは小学生の場合と同じく、2001年に「子どもの読書活動の推進に関する法律」が公布され、翌2002年に「子どもの読書活動の推進に関する基本的な計画」が策定され、学校で子どもたちの読書を推進するためにさまざまな工夫がなされるようになったことによるものと言える。

このように中学生も高校生も2002年あたりから本を読まない者の比率が低下し、中学生では2002年あたりから読書冊数が増えるなど、とくに中学生に関しては、子どもの読書活動推進計画の成果が出ているとみなすことができる。だが、読んでいる本の内容をみると、うまくいっていると喜んでばかりはいられない。それは、不朽の名作とされる本ではなく読みやすい本ばかりを読む傾向が顕著になっているからだ。

読書習慣をつけるには、おもしろくて読みやすい本から入るのがいい。それは当然のことなのだが、そこから先に進んでいない。多く読まれている本のほとんどが、ごく最近映画化されてヒットしたライトノベルやマンガが原作の作品となっている。

こうした傾向に対して、教育学者の折川司は、読書量や不読率の改善の陰で中学生の読書の質が低下していると指摘している。その根拠として、全国学校図書館協議会による学校読書調査による中学生が読んだ本の上位10作品について、１９６８年と２０１７年で比較するデータを示している。

１９６８年の中３の上位10作品は、以下の通りであった。

１位　坊っちゃん
２位　ケネディ
３位　次郎物語

4位　二十四の瞳
5位　陽のあたる坂道
6位　戦争と平和
7位　嵐が丘
8位　野菊の墓
9位　十五少年漂流記
10位　車輪の下
一方、2017年の中3の上位10作品は、以下の通りであった。
1位　君の膵臓をたべたい
2位　ひるなかの流星
3位　ぼくは明日、昨日のきみとデートする
4位　君の名は。
5位　ハリー・ポッターと炎のゴブレット
6位　か「」く「」し「」ご「」と「

7位 また、同じ夢を見ていた
8位 この素晴らしい世界に祝福を！①
9位 植物図鑑
10位 世界から猫が消えたなら

量的に読書量を増やそうという試みの中で質の低下が起こっているというが、それは最近読まれている作品の質が悪いという意味ではなく、読みやすさにばかり走っているという意味なのだろう。

右の上位10作品のリストをみるとわかるように、1968年と2017年では、まったく対照的な作品が上位に並んでいる。

1968年の上位には、概して不朽の名作が並んでおり、かなり難解な本も含まれ、読むのにかなりの根気を要するものにもあえて挑戦しようという気概が感じられる。大人になる前に教養を身につけておきたいといった思いもあったのではないか。私の中学時代にも、文学や哲学に通じていないと高校に行ってから仲間との会話についていけなくなるというようなことが教室で囁かれていた。実際に高校に行ったらそれほどでもなかったが。

それに対して、２０１７年の上位には、６作品が最近映画化されたもの、１作品がテレビアニメ化されたもの、そのうち1作品はマンガが映画化されたものであり、多くがライトノベルで、非常に手軽に読めるものとなっている。難解なものに挑戦しようといった気概や教養を身につけたいといった情熱は感じられない。これには時代の空気が強く影響しており、子どもや若者を単なる消費者とみなすメディアの責任は大きい。

ただし、軽い読み物でもいいからまずは本を読む習慣をつけさせることで読書の敷居を低くするという点においては、ある程度成功していると言ってよいかもしれない。課題は、その先に進めるようにどう導くかということになる。

高校生になると本を読まない者が急増するということは、「学校読書調査」でも「子どもの生活と学びに関する親子調査」でも明らかになっている。高校になると大学受験のための勉強が忙しくなることが、その理由とされることが多い。だが、はたしてほんとうにそうだろうか。

大学進学率が5割に達したとはいっても、高校生の半分は大学に行かないのである。それに、近頃は推薦入試が多く、筆記試験を受けずに大学に進学する者がかなりの比率になっている。それに加えて、中高一貫教育の流行により、中学を受験する小学生もかなりの数にのぼる。そうなると、高校生になると読書しない者が急激に増えるのは、受験勉強が忙しくなるからだけとは考えにくい。

そこで注目すべきは、高校生になると親や教師による干渉も少なくなり、自由度が非常に高くなることである。自由度が低い小学生はよく本を読み、自由度の高い高校生はあまり本を読まない。

自由度が高くなると、本人の意向が行動に強く反映されるようになるため、個人差が大きくなる。ここから考えられるのは、子どもの頃から読書習慣が身についている者は、相変わらずよく本を読むが、周囲の圧力で仕方なく読書していた者は、自由になることで本を読まなくなる、ということである。

その証拠に、不読者は、中３で40％程度なのが、高校生になると50％台になり、高２・高３では60％に近づく一方で、２時間以上読む者や１時間以上読む者、30分読む者の比率はそれほど変化しない。

こうしたデータから、高校生になると本をまったく読まない者が増えるのは事実だが、小学生の頃からよく本を読んでいた者は高校生になってもよく本を読んでいると言ってよさそうである。高校生になって自由度が高まることで、読書習慣の有無による読書行動の差が大きくなるということなのではないか。

読書習慣をつけるための方策として、朝の10分間読書という試みが全国の小学校・中学・高校で行われている。これは、1988年に千葉の高校で始められた活動だそうだが、それが全国に波及し、今では全国の小学校や中学校の8割以上で行われている。2020年のデータをみると、小学校の80%にあたる1万5956校、中学校の82%にあたる8397校、高校の45%にあたる2187校で、朝の10分間読書が行われている。

大学生の読書傾向

大学生が本を読まなくなったと言われるようになって久しい。私自身も、35年以上大学の教員をしてきたが、かつては勉強にあまり熱心でない学生でもよく本を読んでいたし、学生たちを相手に自主的な読書会を放課後に開いていたが、2000年あたりから勉強に熱心な学生さえもほとんど本を読まないことに驚くことがあり、学生が本を読まなくなっているのを痛感したものだった。

各種調査データをみても、大学生の不読率がどんどん上昇してきていることがわかる。

全国大学生活協同組合連合会が１９８４年から１９９０年にかけて３回実施した「大学生の読書生活」という調査では、１日あたりの読書時間の平均が、１９８４年に56・３分だったのが１９９０年には33・０分となっている。６年間で４割以上も減っているのである。

不読率、つまり本を読まない者の比率は、１９８７年は13・１％、１９９０年も13・４％というように、１割ちょっとであり、きわめて少数派であった。

大阪教育大学生涯教育計画論研究室と大阪教育大学附属図書館による２０００年の「大学生の読書と電子メディア利用に関する調査研究」によれば、大学生の不読率は26・４％であった。

心理学者の平山祐一郎による２００６年および２０１２年の調査によれば、大学生の不読率は、２００６年に33・６％、２０１２年は40・１％となっている。

調査対象に統一性はないものの、こうしたデータを総合すると、本を読まない大学生の比率は、１９８０年代から１９９０年には10％を少し上回る程度だったのが、２０００年に

20％台半ば、つまり4人に1人となり、2006年には33・6％と3人に1人となり、2012年には40・1％と5人に2人に達している。

全国大学生活協同組合が毎年全国の国公私立30大学の学生を対象に実施している「学生生活実態調査」のデータを見ても、2004年から2012年までは30％台半ばを推移していたが、2013年に40・5％と4割を超えてから上昇し続けて、2017年には53・1％とついに5割を超えた。2019年は48・1％となっているが、このところ大学生の半数が読書時間0となっている。

しかも、この調査では「コミックス、趣味・情報雑誌・教科書・参考書」も読書にはいると考える学生が53・4％もいることからすると、教科書・参考書や雑誌を除く本を読んでいる大学生の比率は、50％よりもはるかに小さくなると考えられる。

このように大学生が本を読まなくなり、教養が身につかなくなっていることへの対処として、全国大学生活協同組合では、「大学4年間で本を100冊読もう」を合い言葉に読書マラソンという試みを始めた。それは、エントリーして読んだ本の感想を読書カードに書き込んで提出し、それが溜まると図書カードがもらえるという仕組みで、2005年からは朝日新聞社の後援により読書マラソンコメント大賞が選出されるようになった。そうした努力にもかかわらず、大学生の不読率は高まり続けてきた。

もちろん今でも読書に熱心な学生がいるのも事実で、１日平均２時間以上読書している者が７・８％、１時間以上２時間未満という者が19・０％となっており、26・８％の学生が１日１時間以上読書をしていることになる。

つまり、毎日１時間以上読書をしている学生が４分の１ほどいる一方で、まったく読書をしない学生が半数ほどいることになる。

こうしてみると、本を読まない学生がこの30年間増え続けており、とくにここ10年くらいの間に急激に増えていることがわかると同時に、本をよく読む学生とまったく読まない学生の二極化が鮮明にみられるようになったといってよいだろう。

本を読まない大学生は、子どもの頃に読書習慣が身につかなかったということがあるのではないか。毎日新聞社が２００６年に実施した読書世論調査によれば、子どもの頃の読み聞かせが原点となり、小さい頃に本との接触が多い人ほど、成長してからも本に親しんでいるという。考えてみれば当然のことだが、幼い頃から本や絵本に親しむことが大切で、親しんだかどうかによって20歳前後になったときの読書傾向や教養の程度も大きく左右されるといってよいだろう。

前出の平山は、2006年および2012年の調査において、読書動機についても調べている。読書動機について、2回の調査結果を比較すると、錬磨形成的な読書動機が、2006年と比べて2012年では低くなっている。

錬磨形成というのは、「自分自身についてあれこれ考えを深めるため」「自分を見つめ直すため」「人間として成長したいから」「自分の悩みの解決に役立てたいから」「いろいろな考えを知るため」といった読書動機のことである。こういった動機で本を読む大学生の減少傾向がみられたわけだ。

最近の学生は、実学志向が非常に強く、就活や就職後の仕事に役立ちそうな本しか読もうとしない傾向がみられるので、自分の内面を豊かにするとか教養を身につけるといった動機で本を読む者が減っているのは、学生たちと接しながら常日頃から感じてきたことである。

前章において、読書が語彙力や読解力を高め、さらに想像力や論理能力、そして教養を高めるなど、知的発達を促進するということの科学的根拠を示してきた。しかし、このように本を読まない子どもや若者が増えてきているということは、知的発達にとって大きな危機と言わざるを得ない。

高校生になると本を読まない者が半数を超えることも、大学生でさえ半数が本を読まなくなっていることも、まさに自由度が高まると個人差が如実にあらわれることを示している。

大学進学率が5割に達し、大衆化しているとされ、大学生が本を読まなくなったのではなく、本を読まない層までが大学に行くようになったのだと言われたりもする。それも当たっていると思うが、高校生の約半数が大学に進学するとして、大学に進学する者の方が進学しない者よりは本を読む者の比率が高いと考えられる。それでも大学生の半数が本をまったく読まないとすると、大学生になって大きな自由を手に入れることで、ほんとうに本に親しんできた者とそうでない者にはっきり分かれていくということなのだろう。

こうしてみると、子どもの頃から本に親しむことが、知的発達にとっていかに重要な意味をもつかがわかるだろう。

ＳＮＳによる読解力の未発達

　便利なものには必ず何か落とし穴があるはずだという疑念を、私は若い頃から抱いてきた。ゆえに、独りよがりな勘違いかもしれないが、私は中学生の頃から視力が落ち始め、大学生の頃から今まで視力は両目とも０・１未満なのに、ずっと裸眼で過ごしてきた。

　眼鏡をつくってもらう際に、眼鏡なしでは暮らせませんよと言われるのだが、そんなことはない。学生時代は、黒板の文字が読めないときは、右手の親指と人差し指で針の穴ほどの隙間をつくり、そこから覗くと１・０近い視力になると思われ、それで足りた。眼鏡をかけるのは、映画を観るときとスポーツやスポーツ観戦をするときくらいだ。それは今でも変わらない。

　ＳＮＳに関しても、便利だから使うように言われることが多いのだが、そこまで便利さを求めていないので使ったことがない。そもそもスマホというものももっていない。裸眼で過ごしていると、ぼやけた視界でも勘が働いて周りが見えている気がするように、知らない場所を歩くときなど、スマホに頼ることができないと、自分の認知地図に頼るしかなく、頭の中が活性化される。最近では、ぼけ防止にいいのではないかと勝手に思っている。

ところで、本を読まないせいで学生たちの語彙力も読解力も低下しており、かつてはふつうに実施できたアンケート調査や心理検査をするのに支障を来す学生も出てきていることをすでに指摘した。質問項目の意味をきちんと理解できないのだ。

そうなると、授業中の教員の言葉もきちんと理解できていない可能性が高い。実際、授業後に学生が質問に来るのだが、専門用語ではなく、説明の中で用いたちょっとした言葉の意味がわからないという単純な質問も少なくない。そのように質問をしてくるのは、わかろうとする意欲がとくに強い学生で、そこまで熱心ではない学生の中にも実際は言葉の意味がわかっていない者も多いはずである。

知ってて当然と思われる言葉も知らないので、どうしてこんな言葉も知らないのだろうと不思議に思い、学生たちに尋ねてみたところ、

「だって、そんな言葉、友だちとの会話で使わないし、ＬＩＮＥでも使わないし」

と言われたエピソードはすでに紹介したが、ＳＮＳ上での短いつぶやきの世界を生きているると、豊かな語彙に出会うこともない。複雑な文脈を読解する力を磨くこともない。単純な

言葉のみのやりとりのため、文脈が機能しないこともあるので、誤解を避けるため、「(笑)」と付け加えたり、絵文字を入れたりする。これでは、語彙力や読解力が鍛えられていないのも当たり前である。

そこで、私は授業中に話す言葉も、極力ごく平易な日常会話で用いる言葉に言い換えるように心がけている。ふつうに通じるだろうと思っていると、じつは通じていないということがあまりに多いのである。

最近は、どこの大学でも、予習復習の課題を毎回のように提示し、それも成績評価に加えるようになっている。でも、語彙力や読解力が乏しいと、予習といって教科書を読んでもよくわからないし、そもそも課題を指示する文の意味もよくわからなかったりする。これでは予習をさせる意味がない。

そこで大事なのは、多少複雑な文章を読むようにすることである。ＳＮＳを利用するのはかまわないが、その世界に閉じこもらずに、もう少し複雑な文章を読む機会をもつようにして、語彙力や読解力を高めることである。

授業でも、そのように学生たちを鼓舞している。もちろん、鼓舞のような言葉は通じない学生も少なくないので、授業中にこうした言葉が頭に浮かんだときは極力噛み砕いた言い方をするように心がけているし、反応を見ながら別の言葉で言い換えたりしている。

日常会話では読解力は高まらない

第1章で、言語を生活言語と学習言語に区別する必要があると指摘した。生活言語とは日常会話で用いる言葉である。一方、学習言語というのは思考のための言葉である。

学校生活で言えば、授業中は抽象的思考を可能にする学習言語を用い、休み時間や放課後になると生活言語を用いて友だちとのやりとりをするというように、用いる言語を切り替える。だが、学習言語が育っていないと、その切り替えがうまくいかず、授業についていけないということが起こってくる。

日常会話に何の問題もないからと安心していたら、小学校に入り、勉強が始まったら、だんだんついていけなくなり、勉強が嫌いになる、といったケースでは、学習言語が育っていない可能性がある。授業がよくわからず勉強が苦手な子も、授業が終わると元気いっぱいにしゃべり、日常会話に不自由することはない。

これは、英会話教育についても言えることである。英語教育の専門家の間では、早く始めた方が英語ができるようになるというのは幻想にすぎず、母語を習得できてからの方が効果的に習得できると言われている。認知心理学の観点からみても、母語体系が習得できていることで、それをもとに外国語がうまく習得できると考えられる。バイリンガル教育が専門のカミンズも、母語の能力が外国語学習を支えるという。

母語の学習をおろそかにして英語に時間や労力を割くことで、「ウチの子は英語でアメリカ人と会話ができる」などと喜んでいると、うっかりセミリンガルになってしまう怖れがある。セミリンガルというのは、2つの言語のどちらも日常会話はできるけど、抽象的な内容を伝達したり理解したりできないレベルを指す。英会話を学ぶ日本人で言えば、日本語でも英語でも日常会話はできるけれども、日本語力も英語力も両方とも中途半端で、思考の道具としての学習言語を失った状態を指す。

コミュニケーションの道具としての機能をもつ生活言語は発達させても、思考の道具としての学習言語を発達させていないと、日常会話はできても思考力がない、そのため学校の授業についていけないばかりか、自分の内面の繊細な思いや抽象的な考えをうまく表現できない、というようなことになってしまう。

日本学術会議が、「日本の展望—学術からの提言２０１０」の中で、「低年齢からの英語教育による日本語への干渉は避けるべきである」として日本語教育の充実を訴えているのも、そのような懸念からと言える。だが、教育政策は必ずしも教育的観点から決まるわけではなく、産業界の意向が絡んでくるので、保護者が教育的視点をしっかりもつことができないとわが子の将来を守ることはできない。

英会話志向の強い保護者と話していると、英語がしゃべれることと、英語で教養溢れる内容の文章を読んで理解したり、それについて論じたりできることを混同している、そもそもその区別ができていないと感じることがある。

英語だから惑わされるのだろうが、日本語に当てはめて考えてみれば、すぐにわかるはずだ。日本語で日常会話ができる人なら、いつも文学や科学の文献を不自由なく読みこなし、それについて論じることができるというのだろうか。

そう考えると、日本で生まれ育つ日本人の子がバイリンガルを目指す場合は、セミリンガルになる危険性がきわめて高いと言わざるを得ない。いわば、単純な日常会話はできても、知的な本は読んでも理解できず、抽象的な思考内容を言語化することができない。それが英語のみならず、日本語もということになってしまう。これは非常に恐ろしいことではないだろうか。

さて、話を戻すと、日常会話だけでは学習言語を身につけることができない。学習言語を身につけるには、本を読む必要がある。

小学生のレベルを越えた語彙のほとんどは話し言葉でなく書き言葉の中に出現する。ゆえに、本を読んでいないと、小学生レベル以上の語彙を身につけることができない。「だって、そんな言葉、友だちとの会話で使わないし、LINEでも使わないし」と言う学生の言葉は、まさに的を射たものと言える。高校生や大学生でも、日常会話で用いる言葉は、小学校高学年の児童とほとんど変わらない。

他者との会話の中で知らない言葉に出会うということは、小学生以降はほとんどなくなる。そこから語彙レベルを上げるには、文章にその学習源を求めるしかない。語彙獲得に関する研究においても、日常会話を越える語彙の学習源はほぼ書籍に限られるとされている。

結局、生活言語だけでは知的発達を促進することはできないのである。認知発達により抽象的思考ができるようになる中学生以降は、抽象的思考を可能にする学習言語を豊かにすべく、本に親しむことが必要になる。

小学生であっても、大学生であっても、本を媒介とすることで、ふだんの会話では使わないような言葉を会話の中に織り込むことができる。それは、親子、教師と児童・生徒・学生、友だち同士、いずれの関係にも言えることだ。

SNSに浸るような生活をして、単純な文しか読まないでいると、学習言語の発達に支障を来しかねない。発達の最近接領域という考え方についてはすでに紹介したが、今できることの少し先を刺激されることで知的発達が促進される。

その意味では、現段階で簡単に読める本ばかりを読むのではなく、ちょっと難しいなと思うような本に挑戦することで、語彙力や読解力が鍛えられていくのである。それが学習言語の発達に寄与し、思考力や想像力を高めていく。

浅い思考と深い思考

インターネットの時代になり、何かわからないことや知りたいことがあればインターネットで検索すればよいという感じになり、自分の頭でじっくり考えることを省略する風潮が顕著になってきた。

そのようなことを授業中に話すと、

「ネットで検索するのと考えるのと、何が違うんですか？」

と言う学生もいる。たしかに自分で考えるといっても、頭の中に浮かぶ言葉をめぐってあれこれ考えるわけで、自分の記憶を検索している面があるのは否定できない。だが、読書も含めて自分自身の経験に根ざし、年月をかけて熟成した思いや考えをこねくり回すのは、自分自身から切り離されてネット上にある情報を検索し引き出すのとはまったく様相が異なる。

学生たちのレポートをみても、インターネットが普及してからは、ネット上で検索して出てきたものを切り貼りしたものが目立つようになった。なかには、途中まで「である」調だったのがいきなり「ですます」調に変わったり、明らかに筆者が専門家であるのがわかる文章がそのまま地の文になっていたりして、切り貼りであることがあからさまにわかるものまであり、自分の考えを書いているかのように小細工をすることさえ考えつかないのだなあと呆れることもある。

それほどまでに他人の考えた文章を切り貼りするのがごくふつうのことになっているということかもしれない。それが悪いことだという意識が薄い。それは、盗作という意味で問題なだけでなく、自分の頭でじっくり考えることを放棄してしまっているという意味でも問題である。

思考を深めるには、まず文章にしてみるとよいと言われる。それは一理ある。私は、心理学者としてカウンセリングもしてきたが、カウンセリングが効果をもつのも、じっくり耳を傾けてくれる聴き手を前に、思い浮かぶことを語っていくうちに気づきが得られ、これまでと違った構図のもとに自分の経験や思いを検討できるようになるからである。

それと同様に、日記を綴るように自分の思うことを書いていくことで気づきが得られる。自分の内面に渦巻くモヤモヤした思いを文章にすることで、心の中が整理されていく。言葉にするということは、言葉を用いてモヤモヤした頭の中を整理することに等しい。

私たちは、自分の心の中で経験していることをそのまま取り出して理解することはできない。経験そのものが言語構造をもっているわけではないからだ。

何だかわからないけれども、心の中がざわついて落ち着かない。なぜかイライラしてしようがない。何だろう、この物足りなさは。何だろう、この焦ってる感じは。そんなふうに、言葉にならない衝動的なもの、感情的なものが、自分の中に渦巻いているのを感じることがある。

そのようなモヤモヤした心の内をだれかに伝えるには、それを言葉ですくい取らなければならない。言葉にしない限り、そうした経験について人に語ることができない。自分の思いを書いたり語ったりすることが大事だというのは、それが自分の過去の経験や現在進行中の経験を整理することにつながるからだ。

自分の内面で起こっていることを書いたり語ったりすることは、まだ意味をもたない解釈以前の経験に対して、書いたり語ったりすることのできる意味を与えていくことだと言ってよい。それによって経験が整理されていく。

その際、語彙が乏しいと、内面をうまく言語化することができず、なかなか頭の中が整理できない。つまり、思考が深まらない。内面のモヤモヤを言語化して思考を深めるには、語彙の豊かさが求められる。そうなると、本を読まない者が増えているという最近の風潮は、危機的と言ってよいだろう。

思考を深めるのに読書が役立つというのは、語彙が豊かになるという意味だけではない。自分自身を見つめる機会になるという意味もある。

本を読むことを情報収集と位置づけている人は、自分のしていることに今すぐ直接役立つ情報のみを求めて実用書ばかりを読む傾向がある。実学志向が強まっている今どきの学生にもそうした傾向がみられる。だが、それでは思考は深まっていかない。

本を読むことの意味は、けっして情報収集のためというだけではない。本を読んでいると、自分の記憶の中に眠っているさまざまな素材が活性化され、ふだん意識していなかった記憶の断片が浮かび上がり、それをきっかけにいろいろなことが連想によって引き出されてくる。「そういえば、あんなことがあった」「こういう思いになったことがある気がする」「同じようなことを考えたことがあったなあ」「あれはいつのことだったかなあ」「自分も似たような状況に陥ったことがあったな」などといった思いが頭の中を駆けめぐる。

このように、本を読むことは、自分を見つめ直すきっかけになる。本を読むことで、日頃忘れていた自分と出会うことができる。書かれている文章に刺激されて、長らく意識にのぼることがなかったいろんな時期の自分に触れることができる。

　本を読まずにいると、そうした自分に触れる機会をもつことがないまま日常が過ぎていき、自分を見失うことになってしまう。

　本を読むことには、自分自身に出会うという効用のみならず、異質な知識やものの見方・考え方に出会うという効用もある。

　ネットの世界では、何かを検索すると、関連する情報が自動的に選別されて出てくるし、使用者の履歴をもとに関心をもちそうな情報が選び出されて表示される。また、興味のある見出ししかクリックしないため、出会う情報が非常に偏ったものになってしまう。自分の考えに対する反証になるような情報にはあえて目を向けようとしない。興味のない情報や意見にはわざわざ目を向けることがない。

　そのため、異質なものの見方・考え方に触れる機会がなく、自分のものの見方・考え方に凝り固まってしまいがちだ。ネット上で喧嘩のような誹謗中傷が目立つのも、自分と違うものの見方・考え方を理解できないし、理解しようという心構えもないからだろう。いわゆる自己中心性からの脱却ができていない。

心の世界を広げ、異質な他者に対する寛容な態度を身につけるという意味でも、読書によっていろんなものの見方・考え方に触れるのは大切なことである。

さらには、いろんな視点を自分の中に取り込むことで、物事を多角的にみることができ、深くじっくりと考えることができるようになる。

そうした読書の効用を活かすには、関心の幅を狭めずに、あえていろんな領域の本を読むように心がけるのがよい。その意味でも、家庭や学校では、さまざまな領域の本を揃える工夫が必要である。

ゲームと言語能力の関係

子どもたちの知的発達にかかわる問題として、ゲームも取り沙汰されることが多い。電車に乗っていると、スマホでゲームに熱中している人をよく見かける。それも、子どもではなく大人を見かけることも多い。子ども時代、あるいは若い頃から習慣になっているのかもしれない。ゲームには、神経伝達物質ドーパミンを放出させ脳を興奮させる効果があるため、中毒性が高く、依存症を引き起こしやすいと言われる。

実際、ゲーム依存で治療を受ける者も非常に多くなっており、2018年にWHOがゲーム依存を治療が必要な精神疾患と認定し、ゲーム障害として国際疾病分類に追加した。大人も依存症に陥るほどなのだから、まだ自己コントロール機能を担う脳の部位の発達途上にある子どもが依存症に陥るリスクは非常に大きい。

10歳から17歳の青少年を対象に内閣府が2019年に実施した「青少年のインターネット利用環境実態調査」によれば、小学生の81・7%、中学生の76・4%、高校生の78・7%が、スマホやタブレットなどでゲームをしている。つまり、青少年の約8割がゲームをしている。もしゲームが知的発達を阻害するとしたら、これは無関心ではいられないはずだ。

ゲーム依存というほどでなくても、ゲームをすることが脳の発達に悪影響をもたらすことは、しばしば指摘されている。そうした情報が広まったせいか、子どもの将来を考えてゲームやインターネットの利用を制限する親が多くなっており、8割の親が何らかの制限をしているといった調査データもあるが、ゲームをやりたがる子どもとのやりとりが面倒で、つい根負けしてしまう親もいる。

では、ゲームは脳の発達にとってどれくらい有害なのだろうか。

脳科学的手法で認知機能の発達を研究している前出の川島と横田たちの研究グループは、5歳から18歳の子どもや若者を対象に、3年間の間隔を空けて脳の画像を撮影し、知能も測定して、ゲームをする時間が脳の形態や認知機能に与える影響について検討している。

その結果、ゲームをする時間が長いほど、語彙力や言語的推理力に関連する言語性知能が低いことが明らかになった。

また、驚くべきことに、長時間ゲームをする子どもの脳は、脳内の各組織の発達に遅れがみられることがわかった。脳画像からは、記憶や自己コントロール、やる気などを司る脳の領域における細胞の密度が低く、発達が阻害されていることが明らかになった。

さらには、ゲームで長時間遊んだ後の30分〜1時間ほどは、前頭前野が十分働かない状態にあり、その状態で本を読んでも理解力が低下してしまうということを示すデータも報告されている。ゲーム中には、物事を考えたり自分の行動をコントロールしたりするのに重要な役割を担う前頭前野の血流量が少なくなり、機能が低下してしまうようなのだ。

読書によって語彙力や読解力が高まり知的発達が促進されるということや、読書することによって神経繊維の発達や言語性知能の向上がみられることが実証されているものの、ゲームを長時間してしまうと、その後に読書をしても、その効果が減ってしまうというのである。

このように、ゲームが知的発達を阻害することが、脳画像によっても実証されているのである。言語性知能が低くなり、記憶、自己コントロール、やる気などと関係する脳領域の発達に遅れがみられるのでは、学習がスムーズに進むとは思えない。

スマホと学業成績の関係

厚生労働省の研究班が２０１２年に中高生を対象に実施した調査では、ネット依存を強く疑われる者が中学生６・０％、高校生９・４％であり、合わせて52万人と推定された。それでも相当高い数値となり注目されたものだが、それから5年後の２０１７年に実施された調査では、中学生12・４％、高校生16・０％であり、93万人と推定された。5年間で、ネット依存を強く疑われる中高生が８割近くも増えているのである。

ネット依存にはゲームをする者が多く含まれていると思われるが、ゲームばかりでなくスマホをいじること自体の弊害についても、世の親は耳にする機会が多いことと思う。

子どものためにはスマホを使わせないようにしなければと思っても、親自身がスマホ依存的な心理状態に陥っていては、なかなか子どもをスマホの害から守ってあげることはできない。

そこであえて子どものために頑張るには、スマホが知的発達に及ぼす害について、きちんと知っておく必要がある。

スマホの弊害を訴える精神科医のハンセンは、ＩＴ企業が集中する地域として知られるシリコンバレーは罪悪感でいっぱいになっているとして、ＩＴ企業のトップや著名な技術者がスマホやタブレットの弊害を認識し、自分の子どもにはスマホやタブレットを与えないようにしていることを伝えている。

アップルの創業者のスティーブ・ジョブズは、ニューヨーク・タイムズの記者から、自宅はｉｐａｄだらけなのでしょうかと聞かれた際に、ｉｐａｄを自分の子どものそばに置くことすらしていないと言い、記者を驚かせたという。自分たちが開発したからこそ、その弊害に気づいており、自分の子どもは守ってやらねばと思っているのだろう。

マイクロソフトの創業者のビル・ゲイツも、自分の子どもに関しては、14歳になるまでスマホはもたせなかったという。

フェイスブックの「いいね」機能の開発者であるジャスティン・ローゼンスタインは、スマホの依存性はヘロインに匹敵するとして、自分のフェイスブックの利用時間を制限するために、本来は保護者が子どものスマホ使用を制限するために用いるアプリをインストールしたという。

iPodやiPhoneの開発に携わったアップルの幹部トニー・ファデルは、スクリーンが子どもたちを夢中にさせることの弊害を感じているようで、自分たちはいったい何というものをつくってしまったのだろうと、夜中に冷や汗をびっしょりかいて目を覚ますことがあると言う。自分の子どもたちからスクリーンを取り上げたときも、まるで自分の一部を奪われるような感じで激しく感情的になり、それから数日間は放心状態になったという。

日米比較研究のデータ等をみても、アメリカの親は、日本の親と違って、子どもに対して毅然とした態度を取り、子どもに対して親は権威をもたねばならないといった意識が強いが、日本では、そこまで強く子どもを管理できない親が多い。

ゆえに、毅然とした態度で子どもをスマホの害から守るには、その弊害についてしっかり理解しておく必要がある。そうでないと覚悟が中途半端になってしまう。

では、スマホ（タブレットも含め）にはどのような実害があるのだろうか。

経験的に考えても、スマホをもつことで絶えず人とつながっている感覚になり、何をしていてもスマホが気になり、物事に集中できなくなる。また、検索するのが癖になり、何かというと反射的に検索してしまい、自分の頭でじっくり考える習慣が奪われる。スマホをもつことで、ものを考える時間が奪われていく。そんな感じがあるのではないだろうか。集中力の欠如も、検索習慣も、いずれも思考力の低下につながっていく。そのような弊害は非常に深刻だと思われるが、実証研究の結果をみてみよう。

意思決定についての研究者であるデュークたちは、スマホを使うことが私たちの認知能力にどのような影響を及ぼすかについての実験的研究を行っている。

その結果は、スマホを使わなくても、ただそばに置くだけで認知能力が低下することを証明するものとなった。

1つ目の実験では、数学の問題を解きながら、無作為な文字列を記憶する、といった作業を行わせた。複雑な認知作業を行いながら、記憶をしなければならない。

2つ目の実験では、複数の画像を見てパターンを見つけ出し、そのパターンを完成させる画像を1つ選ぶという作業を行わせた。

作業を行うにあたって、スマホの音やバイブレーション機能をオフにしてもらった上で、つぎの3つの条件のいずれかを選ばせた。

①スマホを目の前に置く（机の上に伏せて置く）
②スマホをポケットかバッグにしまう
③スマホを別の部屋に置く

結果をみると、スマホを別の部屋に置いたグループが最も作業成績が良く、つぎに成績が良いのはポケットかバッグにしまったグループ、スマホを机の上に置いたグループは最も成績が悪かった。この差は、統計的に有意なものであった。スマホの電源を完全に切っていた場合でも、同じ結果になった。

スマホを使うことの弊害はよく指摘されているが、この実験結果から言えるのは、スマホをいじらなくても、ただそばにあるだけで認知能力が低下してしまうということである。認知能力が低下するということは、思考力や想像力が低下し、問題解決や発想の質が低下することを意味する。

実験を行ったデュークたちのデータによれば、スマホとの心理的つながりが強い人物ほど、こうしたスマホの悪影響を受けやすいことが示されたという。つまり、「スマホなしでは1日だって過ごせない」「1日でもスマホを使えないのはつらい」という人ほど、スマホがそばにあるだけで認知能力が低下し、仕事の質が落ちてしまうというわけだ。

この他にも、スマホがあるだけで認知能力が低下し、課題遂行能力が落ちることが、多くの研究によって証明されている。

たとえば、スマホを教室の外に置いた学生は、スマホをサイレントモードにしてポケットにしまった学生よりも、課題遂行の成績が良かったという実験結果もある。スマホを机の上に置いた場合より、ノートを机の上に置いた場合の方が、課題遂行の成績が良かったという実験結果もある。

そこで、アメリカ小児科学会では、子どもにはスマホやタブレットの使用を制限すべきであるとしている。

結局、スマホを使わなくても、スマホの存在を意識するだけで認知能力が低下するというのは、どうにも否定できない事実と言ってよいだろう。スマホのせいで気が散って集中力がなくなるだけでなく、気にしないようにしようといった努力に心のエネルギーが費やされ、本来は課題に費やすはずのワーキングメモリの一部がその努力のために消費される。その結果、本来の課題に振り向けることができるワーキングメモリが足りなくなる。これでは、勉強にしろ仕事にしろ支障が出てきてしまう。

ワーキングメモリというのは、ごく短時間、情報を記憶しながら、同時に何らかの課題遂行などの処理をする知的機能のことである。暗算をするときを思い浮かべればわかりやすい。数字を記憶しつつ、計算処理をする際に、ワーキングメモリがフル稼働している。

聞こえてくる話し声が気になって宿題に集中できず、計算間違いや書き間違いをした経験がある人も少なくないのではないか。宿題に割くべきワーキングメモリの一部が話し声に聴き入ることに費やされてしまったわけだ。

日本でも、川島と横田の研究グループは、小学校5年生〜中学校3年生を対象に、スマホの使用時間と学業成績の関係についての調査を行っている。

その結果、スマホの使用時間が長いほど成績が悪いことが判明した。恐るべきことには、

1日2時間以上勉強していても、スマホ使用が4時間以上になると、スマホをやらないけれども勉強時間が30分未満の子より成績が悪いのだ。

ここからわかるのは、いくら勉強しても、スマホをしょっちゅういじっていると、それが帳消しになってしまうということである。ちゃんと長時間勉強しているから大丈夫と安心し、スマホ使用を容認していると、取り返しのつかないことになりかねない。

では、なぜスマホを長時間使うと勉強した効果がなくなってしまうのか。

それには、第1に、すでに説明したように、ゲームをすることにより脳の発達上の問題が生じていることが関係していると考えられる。ゲームで長時間遊んだ後の30分〜1時間ほどは、前頭前野が十分働かない状態にあり、その状態で本を読んでも理解力が低下してしまうことがデータによって示されている。ゆえに、勉強をしても頭に入らない。

第2に、ゲームだけでなく、LINEなどの通信アプリの問題もある。川島・横田たちは、同じ調査を1年後にも行い、データを比較しているが、その結果、LINEなどの通信アプリを使っていると成績に悪影響が出ることがわかったのだ。

その理由として、LINE等をやっている子は、勉強しようと机に向かっても、頻繁にメッセージが来てしまうため、勉強に対する集中力が切れてしまうこと、さらには相手から返事が来ないと、なぜ来ないのかが気になってしまい集中力がなくなることがあげられている。

最近は、小さい子にスマホをいじらせている親をよく見かける。プログラミング教育を文科省が推奨しているため、タブレットやスマホに慣れさせておくのもよいだろうと思う親も少なくないのだろうが、そうした政策には企業の思惑や景気振興が強く関係しており、残念ながら教育的配慮は二の次になりがちだ。

子どもの将来を考えるなら、親自身が科学的知見を踏まえてしっかり考えて、守ってあげる必要があるだろう。

第 5 章

家庭の言語環境を整える

いつ頃から本を読むようになるのか？

子どもはいったい何歳くらいから本を読めるようになるのだろうか。それには大きな個人差があるので、一概に何歳頃とは言えないが、読書能力には発達段階というものが想定されており、それが一応指標になる。

子どもが自分で本を読めるようになるには、読解力以前に、字が読める必要がある。幼児向けの絵本の文章には漢字は使われていないし、小学校低学年向けの絵本では簡単な漢字を使うとしてもふりがなを振ってある。ゆえに、最低限ひらがなが読めれば、絵本を自分で読むことができる。

ただし、楽しそうに絵本を見ているからといって、必ずしもひらがなが読めているわけではない。絵本の読書行動にもいくつかの発達段階がある。

大まかに言うと、3歳までは絵本を楽しむ時期と言える。絵を見て楽しむ段階では、個々の絵を断片的に楽しんでいるのであって、物語の流れを追っているわけではない。つぎに、絵をもとに勝手なお話を語って楽しむ段階がある。

4歳くらいから文字を読むという意味での読書が始まる。はじめのうちは、「なんて書いてあるの？」「これ、なんて読むの？」「これ、なんていう字？」などと親に尋ねながら、文字を覚えていく。まだ自分ではちゃんと読めないので、親に「読んで」とねだったりする。そうしているうちに徐々に読書能力が身についていく。

いよいよ文字が多少とも読めるようになると、絵ばかりでなく文字にも関心を向けるようになり、読める文字を詰まりながらも一所懸命に読み、読めない文字は無視したり、大人に聞いたりする段階に到達する。

読める文字が増え、読むことにも習熟してくると、ひとりで読んで楽しめるようになる。5歳くらいになると、ひらがなはすべて読めるようになるので、絵本なら文字も読みながらひとりで楽しめるようになる。

6歳くらいになると、絵本でなくても、ひらがなで書かれたやさしい本なら一人で読めるようになる。そして、7歳くらいからが読書習慣を形成する時期とみなされている。

心理学者の秋田喜代美たちは、幼児が絵本をどのように読むかを調べるための研究において、幼児に絵本を読みながら説明してもらい、絵を見て話す段階から文字を読む段階への変化をたどっている。

その際、文字に反応するか、絵に反応するかをチェックするとともに、文字に反応する場合も、拾い読みするか、文節読みするかをチェックした。

拾い読みとは、1文字1文字たどたどしくばらばらに読むことである。「ことり」とか「しんかんせん」というように意味のあるまとまりごとに固めて読むのではなく、「こ・と・り」「し・ん・か・ん・せ・ん」のように1文字ずつ切り離してたどたどしく読むことを指す。

それに対して、文節読みというのは、意味のあるまとまりごとに固めて読むことである。拾い読みの段階では、本に書かれている物語の内容を自力で理解するのは難しいが、文節読みができれば、自分で読んで理解できるようになる。

結果をみると、幼稚園の年少児は、拾い読みも文節読みもできず、ほとんどの子が絵のみに反応した。

年中児では、2割が文節読み、4割が拾い読みをし、3割が文字には反応せず絵のみに反応していた。

年長児では、４割が文節読み、３割が拾い読みをし、２割が文字には反応せず絵のみに反応していた。

このように絵本の読み方の発達にはかなりの個人差がみられ、絵に反応する段階から文字に反応する段階への移行は、月齢よりも読字能力が関係していた。具体的には、ひらがなを半分くらい習得した頃から文字に反応し、字を読もうとし始めることがわかった。そして、40文字以上習得すると文節読みをする子が多くなる。６～39文字の段階では文節読みをする子は皆無で、拾い読みをするか絵に反応するだけだった。５文字以下の段階では、絵に反応するだけで、文字を読もうとする子はいなかった。

こうした傾向をみると、年中になると、多くの子がひらがなを読めるようになり始めることがわかる。ただし、ひらがなが読めるため文字に関心を示すようになるものの、まだ拾い読みの段階の子が多いことがわかる。その場合は、大人の補助がないと物語の内容まではなかなか理解できない。

年長になると、文節読みができる子が増えることから、ひらがなの習得が急速に進んでいくことがわかる。そのような子は、自力で物語の内容を理解できるようになるが、まだ半数に達しない。そして、小学校入学直前の年長の冬になると、7割の子が文節読みができるようになる。

このように子どもたちはひらがなを習得することで本を読めるようになるわけだが、読めない文字が読めるようになり、読めない本が読めるようになることは、大きな喜びのはずである。

字が読めない段階では、絵を見て親に説明を求めながら一所懸命に物語を理解しようとする。字が徐々に読めるようになる段階では、たどたどしく読みながら親に確認したりする。そのような段階の子どもたちは、本を読めるようになりたいという思いを強くもっている。

それなのに、子どもや若者の読書離れが深刻なほど進んでおり、大きな社会問題にもなっている。これまでの章でみてきたように、読書は知的発達を促すことが心理学や教育学、社会学、脳科学などにおいて科学的に裏づけられている。

読書するかどうかで、知的好奇心が強く教養が豊かな子と知的好奇心が乏しく教養にほとんど縁のない子に分かれていく。このような二極化を防ぐには、知的好奇心をもち、自ら積極的に学んでいくように、子どもたちの生育環境を整えてあげる必要がある。

「本を読みなさい」では読む気になれない

子どもというのは、元来とても探求心が強く、周囲の大人がハラハラするほど何でも触りたがるし、何でもやりたがる。私は、事情あって世間一般の父親よりも子育てに携わり、子連れ出勤や子連れ出張もしてきたが、２歳くらいまでは何をするかわからないので目が離せない。

つかまり立ちができるようになった頃、出張先でバンバンする音で目が覚めると、息子がコタツの上の台をバンバン叩いていた。いつの間にか布団から抜け出していたのだ。つかまり立ちできたのがよほど嬉しかったようで、満面の笑みを浮かべていた。つぎの瞬間、膝がガクッと曲がってコタツ台で顎を強く打ち、生えかけた歯で唇を切り、慌てて抱き上げたが口から血が溢れ大泣きした。それ以来、家でも同じようなことが何度もあった。血が出るほど痛い目にあっても、飽くことなく挑戦する。

歩き始めの頃は、ほんの数歩タッタッタッと勢いをつけて歩いてバタッと前のめりに倒れることを繰り返す。ときに顔を畳に打ちつけ、泣きそうな表情をすることもあるが、すぐに立ち直り、座りながら嬉しそうにパチパチ自分で手を叩く。

しゃべれるようになると、「あれ？」「あった！」などと何かを指差し、その名前を教えると、指差しながら嬉しそうに自分で何度も繰り返す。そのうち何かと質問攻めするようになる。

字を覚え始めると、覚えた字を店の看板や駅の看板とかで見つけると、嬉しそうに読もうとする。絵本の文字が読めないと、なんて書いてあるのか聞いてくる。そして、真似をしながら声を出して読み、あっているか確認するような表情でこっちを見る。大きく頷くと、ニコッとしてまた自分で読む。

それほどまでに、何かができるようになる、わかるようになるというのは、子どもにとって嬉しいことなのであり、できるようになりたい、わかるようになりたいといった思いは非常に強い。

それが、いつの間にか何に対しても知的好奇心を示さないようになり、本も読まなくなる子が出てくる。小学校の先生は、そのような子どもたちに勉強を教えないといけないのだから大変だ。小学校に入学し勉強が始まり、語彙力や読解力が求められるようになって、これ

ではいけないと感じた保護者から、

「本を読むようにいつも言ってるんですけど、ウチの子は全然読まないんですよ。どうしたらいいですか？」

「本を読むことが大切だと聞くから、一冊読むごとにほしいものを買ってあげることにしてるんですけど、どうも読んでる感じじゃなくて、ただページをめくって読んでるフリをしてるみたいなんです。こんなんでいいんでしょうか？」

などと相談されるだけでなく、

「本を読むように先生から言ってくれませんか」

と頼まれることもあるという。

こうした保護者の声を聞くと、教育心理学的には主に2つの問題があるように感じる。

ひとつは、自律性を奪うことで本を読む気をなくさせているのではないかということだ。

子どもの頃を思い出してみよう。

放課後に友だちと遊んで帰ってきて、夕食を済ませてテレビを見ながら、「そろそろ宿題をしないとまずいな」と思っているときに、

「いつまでテレビ見てるの！　宿題やらないとダメでしょ！」

と親から言われ、

「今やろうと思ってたのに、もうやる気なくなった」

と反発する。自分でも宿題をやらないとまずいと思うのだが、やる気がしなくなってしまう。そのような経験をした人も少なくないのではないか。

だれだって自分を動かすコントローラーは自分で握りたいのだ。大人だって同じだろう。上司から、

「言われたことだけやってればいいんだ」

などと言われたら、やる気がなくなるはずだ。自分で自分を動かしているという感覚、つまり自律性の感覚をもてるかどうかがモチベーションを大きく左右する。「やらされている」といった感じになると、やる気は一気にしぼんでしまう。

読書も同じだ。一方的に買い与えて、

「読みなさい！」

と言われて、はたして読む気になるだろうか。そんなことが繰り返されれば、本っていう

のは強制しないと読まないものといった感じになり、よっぽどつまらないんだなあと思ってしまうに違いない。それは、本嫌いな子を生み出すやり方であって、けっして本好きの子にするやり方ではない。

やはり大事なのは、子ども自身の関心を引き出すことである。

たとえば、書店で選ぶにしろ、図書館で選ぶにしろ、本人がどんな本なら興味を示すのか反応を見ながら、一緒に選ぶことが大切だ。もちろん、こういう本を読ませたいと思うこともあるだろう。そんなときも、一方的に押しつけるのではなく、その本に親が興味を示し、楽しそうに見ながらおもしろさをアピールするなどして、子どもの興味を引くような働きかけが必要だ。

もうひとつ気になるのが、本を読んだらごほうびにほしいものを買ってあげるという発想だ。じつは、そのようにすると本を読むのが好きな子から本を読む喜びを奪ってしまうことが、心理学の実験により証明されており、アンダーマイニング効果と呼ばれている。

たとえば、パズルを解くのが好きな学生を集めた実験が行われた。学生たちは、2つの条件に振り分けられた。さまざまなパズルがある部屋で実験が行われ、実験時間中、学生たちはどれでも自由に挑戦してよいことになっていた。

その際、半分の学生たちには、3日間、一定の実験時間中、興味に任せてパズル解きを自由に楽しませた。残りの半分の学生たちには、1日目と3日目は、同じように興味に任せてパズル解きを自由に楽しませた。ただし、2日目だけは、パズルを1つ解くたびにお金を与えた。

その結果、3日目に両グループの学生たちのパズル解きへのモチベーションに差が生じ、2日目にお金をもらった学生たちのパズル解きへのモチベーションが低下したのだった。元々パズルを解くのが好きな学生を集めたのだが、半分の学生は、お金をもらうことにより、パズルを解くことがお金を得るための手段になってしまい、パズルそのものを楽しいと感じにくくなり、あまり熱心に解かなくなったのだ。

幼稚園で、お絵描きが好きな子どもたちを対象にした実験でも、同じような結果が出ている。ただお絵描きを楽しんだ子たちは、実験後も自由遊び時間にお絵描きを熱心にやっていたが、絵を描くことでごほうびをもらう経験をした子は、その後自由時間にお絵描きをする熱意が低下した。お絵描きそのものが楽しかったはずなのに、お絵描きがごほうびをもらうための単なる手段といった感じになってしまったのである。

そうしてみると、本を熱心に読んでいるのを言葉でほめたり、一緒に読むのを楽しんだりするのはよいが、ごほうびに物をあげるというのは慎んだ方がよさそうだ。

親自身が読書を楽しんでいるか？

保護者の言葉を聞いて気になる点を2つあげたが、じつはもうひとつ気になることがある。それは、第2章でしゃべり始めの子どもが親の言葉を真似るというところで紹介したモデリング効果だ。

モデリングという考え方を知っておくと、本を読む子がどうしてそうなったのか、本を読まない子がどうしてそうなったのかがわかることがある。

要するに、子どもというのは、親から「こうしなさい」と言われたようにするよりも、親がしていることをするようになる。子どもに意識して教えたわけではないのに、自分と同じような口癖を身につけていてハッとすることもあるはずだ。読書習慣も、親をモデルにして身につけるといった面が強い。

少子化のせいか、教育熱心な親が多く、絵本や児童書、教育書がよく売れているようだ。子どもを本好きにするには家に本がたくさんあることが大切だと教育書に書いてあったから、本棚いっぱいに本を揃えたのに、子どもは一向に読む気配がないと嘆く人がいる。そこで大事なのは、親自身がそれらの本を楽しそうに読むことだ。

親が楽しそうに本を読んでいる姿、あるいは真剣に本に没頭している姿を日常的に目にしていると、子どもは「本って、そんなにおもしろいのか」と本に興味をもつ可能性が高いし、本を読むというのを当たり前のことのように感じるようになる。

逆に、子どもに本を読むように言うばかりで、親自身が本に没頭する姿をまったく見せなければ、子どもは「本ってつまらなそうだな」と思う可能性が高いし、モデリングという意味でも親をモデルにして本を読まない子になっていく。

本を読む子になってほしいと思うなら、親自身が本を日常的に読む人になり、本を読む姿勢を身をもって示すことが必要だ。ところが、今や大人も本をあまり読まない人が増えてきている。

文化庁が全国の16歳以上の男女を対象に2019年に実施した「国語に関する世論調査」

によれば、１カ月に７冊以上読むという人が３・２％、５～６冊読むという人が３・２％、３～４冊読むという人が８・６％、１～２冊読むという人が37・６％となっており、合わせて52・６％の人は、冊数はさまざまだが取りあえず毎月本を読んでいる。

ところが、本を読まないという人が、何と47・３％もいるのである。半分近い大人が、月に１冊ペースで本を読むことさえしていない。

また、以前に比べて読書量が減っているという人が67・３％となっている。３分の２の大人が、自分は以前より本を読まなくなっていると感じているのである。

そうなると、子どものモデリングの対象となる親が、そもそも本をあまり読んでいないということも十分にあり得ることになる。ふだんあまり本を読んで来なかった人も、子どもの将来を考えるなら、本を読むように言うだけでなく、自らも本を読む姿勢を見せられるように頑張る必要がありそうだ。

当たり前のように本のある生活

本を身近に感じて育つ子どもと、本にほとんど縁のない感じで育つ子どもでは、その後の読書能力の発達や読書行動に大きな差が出るのも当然と言える。それが将来の学力の差や大人になってからの収入の差につながっていく可能性があるわけだから、無視するわけにはいかない。

その意味では、子どもが当たり前のように本のある生活ができるように配慮する必要がある。

子どもたちが本を読まなくなっていることが教育界で深刻な問題と受け止められ、2001年に「子どもの読書活動の推進に関する法律」が公布され、翌2002年に「子どもの読書活動の推進に関する基本的な計画」が策定され、それをきっかけに小中学生の読書冊数が増えてきたことについては、すでに指摘した。

それでも、いまだに本を読まない高校生や大学生がかなり多いのは事実であり、子ども時代から読書習慣をつけさせることの重要性が指摘されている。

文部科学省が2017年に実施した「子供の読書活動の推進等に関する調査研究」の結果をみると、最も多くの小学生が読書をするきっかけとしてあげているのが、「家族が一緒に本を読んだり図書館や本屋に連れて行ってくれたりすること」であり、51・1％と過半数の子がそうしたことがきっかけで本を読むようになったという。2番目に多いのが「家の中で手に取りやすいところに本が置かれていること」で、43・6％の子がこれが本を読むきっかけになったという。

いずれも家庭あるいは親の要因であり、親が一緒に本を読んだり、図書館や本屋に連れて行ったり、家の中で本が身近にあったりすることが、子どもが本を読むようになる重要な要因であることがわかる。

学校で行われている朝の読書活動が効果を奏して子どもたちの読書活動が活発になったと言われているが、「学校で行われている読書に関する取組（いっせい読書の時間（朝の読書）など）」をあげる子は37・6％で3位だった。

中学生でも、読書をするきっかけとして、「家族が一緒に本を読んだり図書館や本屋に連れて行ってくれたりすること」をあげる者が最も多く、「学校で行われている読書に関する取組（いっせい読書の時間（朝の読書）など）」をわずかだが上回っている。

もちろん朝の読書などの学校の取り組みが効果をもつのは明らかであり、今後も強化していくことを学校に期待したい。

だが、それ以上に家庭・親の要因が大きいのも事実であり、親としては子どもが幼い頃から本を身近に感じられるように、蔵書面や行動面で配慮する必要があるだろう。

家の蔵書面に関しては、子どもがおもしろいと思う可能性を高めるために、いろんな種類のおもしろそうな本を子どもの身近なところに置くようにしたい。

子どもはチャレンジ欲求も旺盛なところがあるので、今の年齢段階ではちょっと難しいと思われる本、かなり難しいと思われる本、大人向けの本もあるのがいいだろう。べつに読むように強制する必要はなく、本人が気になって読む機会があってもよいように、家にある、身近に手が届くところにあるということが大切なのである。そうした本を親が熱心に読んでいるのを見たりすれば、子どもも興味を引かれるはずだ。一緒に書店に行っておもしろそうな本やためになりそうな本を買って来るのもよいだろう。

家の蔵書が多いほど、子どもが本を読むようになるだけでなく、子どもの学力も高いことは、すでに指摘した。文部科学省による調査データをもとにした分析をみても、たとえば小学6年生では、蔵書数が0～10冊の家庭の子どもよりも11～25冊の家庭の子どもの方が学力が高い。それよりも26～１００冊の家庭の子どもの方が学力が高い。１０１～２００冊の家庭の子どもの学力はさらに高い。そして、２０１〜５００冊の家庭の子どもはそれ以上に学力が高く、５０１冊以上の家庭の子どもの学力が最も高くなっていた。

どうせ親の経済力や学歴が関係してるだけだろうと思う人もいるかもしれないが、学歴や収入の低い層でも、高い層でも、それぞれの層の中では、蔵書数が多い家庭の子どもほど学力が高いという傾向がみられたのだ。

また、小学校の学習指導要領でも、読書により国語力が向上することや知識を獲得することが強調されている。

このようなことから、学習に役立ちそうな本を揃えようとする人もいるようだ。書店で幼児向けの棚に行くと、知育本があふれている。それが役に立つこともあるだろうが、子ども時代にとくに大切なのは、本に親しみ、本に対して肯定的な気持ちをもち、読書習慣を身につけることである。

大学生をみると、楽しみとしての読書や学びとしての読書を日常的にしている者と、まったく本を読まずに日々を過ごしている者に分かれるが、何が違うのか。それは、本を読むのが楽しみや充実につながっているか、本を身近に感じられず読書を苦行のように感じているかだろう。そうした違いの萌芽は、子ども時代の本とのつきあい方にある。

ページをめくるのももどかしくなるほどの楽しさを味わい、本の世界に没頭する経験が、読書を習慣づけることに寄与する。読書するのが習慣となった結果として、自然に語彙力・読解力が高まり、知識・教養が身につき、知的好奇心が豊かになり、学力も向上していく。

そうした意味でも、直接学習に役立ちそうな知育本・学習本にこだわることなく、純粋におもしろくて夢中になれそうな、本の世界に入り込んでしまう魅力のあるものを選ぶのがよいだろう。もちろん、名作文学全集など基本的な名作も、何かのきっかけで子どもが好奇心をそそられることもあり得るので、揃えておくのもよいだろう。

出版文化産業振興財団が２００９年に実施した「現代人の読書実態調査」では、親が読書するほど子どもは読書好きになる傾向がみられることや幼い頃に読み聞かせをしてもらった経験がその後の読書習慣の形成に影響することと同時に、家に自分が使う本棚がある中高生は読書好きになっている傾向も示されている。そうしてみると、子どものための本棚を用意してあげるのもよいだろう。

読書習慣のない親は子どもと一緒に読んでみる

幼い子どもは、親が世界そのものみたいな感覚の中を生きており、何でも親の真似をしたがる、それによって言葉をしゃべれるようになるのである。ゆえに、子どもに本を読む人になってほしいと思うなら、自分も本を読む人になる必要がある。

でも、先ほど示した調査結果のように、世の中の大人のほぼ半数が本をほとんど読まずに暮らしているとするなら、子どものために自分が本を読む人にならなくてはと思っても、読書が習慣化されていないため、どうしても挫折しがちだ。

そこで、自分はあまり本を読んで来なかったし、今も本を読む習慣がないという人は、子どもと一緒に絵本や児童書を楽しむことから始めたらどうだろうか。

絵本も児童書も子どものために書かれたものではあるが、けっこう味わい深いものが少なくない。大人が読んでも、ほのぼのした思いになったり、懐かしい思いに浸ったり、ワクワクしたり、やさしい思いに包まれたりして、十分楽しむことができる。

絵本を一緒に読んだり、読み聞かせたりすることで、親自身も読書への入口をもう一度くぐり直すことができる。

子どもがもう絵本を卒業しているなら、児童書を読み聞かせたり、児童書でなくても自分がおもしろいと思った本を読み聞かせたりすればいい。読み聞かせの場合は、子どもはよくわからないところは親に聞けるし、一緒に読むのは楽しいので、親子共々本に親しむ絶好の機会になる。

もう子どもが一人で読める場合は、子どもが読んだ本を読みたいから貸してと言って読んでみて、登場人物や物語の内容について話すのもいいだろう。ちょっとしたやりとりを通して、子どもの興味がさらに引き出されたり、子どもの理解が進んだりする。子どもは遊び感覚で競うのも好きなので、本を読む競争をするのもよいだろう。

そうしているうちに、親自身も本の世界に足を踏み入れ、読解力も知的好奇心も高まっていき、子ども用の本だけでなく自分のための本にも手が出るようになるに違いない。

近頃では、幼児教育を担うべく勉強をしている保育系の学生の絵本読解力や共感力の低下が指摘されている。大学生の半数が本を読まなくなっているのだから、保育系の学生も例外ではないわけだ。

そうなると、幼稚園や保育園で絵本の読み聞かせが盛んに行われているものの、読み聞かせをする側が絵本の内容をきちんと理解できていなかったり、動物なども含めた登場人物の意図を汲み取れなかったり、その気持ちに共感できなかったりすることもあり得る。

子どもたちは、読み手の思いを敏感に受け止めながら話の筋を理解していくので、読み手がきちんと内容を理解できず、登場人物の意図がわからず、気持ちにも共感できずに読む場合、聞き手の子どもたちは、物語の筋を十分理解できないということにもなりかねない。

そんな時代であることを考えると、やはり親が本を読む人になって、子どもが読書習慣をつける手助けをしてあげられるように心がけたいものである。

おわりに

今の子どもたちにみられる学力の二極化。そこには読解力が強く関係している。読解力の乏しい子どもが増えているため、今後は国語の授業で契約書や広報などの実用文の読み方を学ばせる必要があるということになった。

小説や評論を読んで想像力や思考力を鍛えながら教養を身につけるのが国語の授業だと思っている人からしたら、それは信じられない大改革である。だが、すでに小説や評論どころか平易なはずの実用文さえ読解できない生徒たちが目の前にたくさんいる。しかもどんどん増えているのだから、教育上必要な対応とも言える。

もちろん、今でも小説や評論を好んで読む、読解力の豊かな生徒たちもいる。明らかに子どもたちの学力の二極化が進行している。

本書では、そのことを出発点として、読解力を身につけるためには子どもの頃から読書習慣を身につけることが大切であること、読書することで読解力が高まっていくことを説いてきた。

子どもは、生まれて1年ほどで自然にしゃべり始めるため、多くの人たちは言語能力など自然に身につくものと思っている。でも、言語能力には生活言語能力と学習言語能力があり、それらはまったく別物である。おしゃべりな子が必ずしも国語の勉強ができるわけではないのはなぜなのか、本を読めない大学生が増えているのはなぜなのか、そこのところを考えてみる必要がある。

読書がためになるというのは昔からよく言われてきたことだが、最新の科学的研究により、読書あるいは読み聞かせが知的発達を促進することが実証されている。しかも、子どもの頃の読解力の差はしだいに拡大していくことも示唆されている。

読書には、語彙力や読解力のような認知能力を高めるという効用のみならず、忍耐強さや共感性といった非認知能力を養うという効用もある。だが、非認知能力については前著『伸びる子どもは○○がすごい』において詳しく解説したので、本書では認知能力の発達に読書がどうかかわっているのかを解説するとともに、子どもに読書習慣を身につけさせるにはどうしたらよいかを考えるためのヒントを示すことにした。

今回も、前著と同じく、日経ＢＰ日本経済新聞出版本部の細谷和彦さんと、教育の現状や子育て環境について語り合う中で生まれた企画である。

現在子育て中の方々はもちろんのこと、子育てや教育に関心のある方々には、ぜひお読みいただきたい。

子ども時代に読解力を鍛えることができるかどうか、それによって将来の学力が大いに左右されること。読解力を鍛えるには読書が有効であること。本書が、そのことを再認識し、子どもたちにとって望ましい家庭環境や教育環境を整えるためのきっかけとなれば幸いである。

２０２１年４月　　　　　　　　　　　　　　榎本　博明

榎本博明 えのもと・ひろあき

心理学博士。1955年東京生まれ。東京大学教育心理学科卒。東芝市場調査課勤務の後、東京都立大学大学院心理学専攻博士課程中退。川村短期大学講師、カリフォルニア大学客員研究員、大阪大学大学院助教授等を経て、現在MP人間科学研究所代表。著書に『伸びる子どもは○○がすごい』『ほめると子どもはダメになる』『教育現場は困ってる』『「上から目線」の構造』など多数。

日経プレミアシリーズ｜462

読《どく》書《しょ》をする子《こ》は○《まる》○《まる》がすごい

二〇二一年五月 七 日 一刷
二〇二一年六月二二日 四刷

著者 榎本博明
発行者 白石 賢
発 行 日経BP
日本経済新聞出版本部
発 売 日経BPマーケティング
〒一〇五―八三〇八
東京都港区虎ノ門四―三―一二

装幀 ベターデイズ
組版 マーリンクレイン
印刷・製本 凸版印刷株式会社

ISBN 978-4-532-26462-8 Printed in Japan

日経プレミアシリーズ 328

大学付属校という選択

おおたとしまさ

大学入試改革開始を２０２０年度に控え、中学受験で大学付属校の人気が高まっている。入試改革の不透明さを回避するためだけでなく、大学受験にとらわれることのない教育そのものが「脱ペーパーテスト」路線の高大接続改革を先取りしているからだ。早慶ＭＡＲＣＨ関関同立の11大学に焦点を当て、大学付属校で学ぶ意義を探る。

日経プレミアシリーズ 232

進学塾という選択

おおたとしまさ

東大理Ⅲ合格者の半数は、同じ塾出身である。――「名門」とされる学校は数多くあるが、学力最上位層が通う進学塾は実はごく少数に限られている。進学塾は必要悪なのか。学校には果たせず、塾が果たしている役割とは何か。中学受験進学塾や名門一貫校生御用達塾の実態から、地方別有力塾、塾と教育の今後まで、塾のすべてがわかる。

日経プレミアシリーズ 172

中学受験という選択

おおたとしまさ

スポーツに打ち込むのは「素晴らしい」のに、なぜ勉強に打ち込むのは「かわいそう」なのか？ 中学受験、そして中高一貫校での教育は、子どもを大きく成長させる機会。塾・学校選びから、正しい併願戦略、試験に成功するための心構えまで、この一冊で中学受験の「すべて」がわかる。

日経プレミアシリーズ 410

新・男子校という選択

おおたとしまさ

「東大合格トップ10の7校は男子校」「徹底的に〝バカ〟になれる」「〝オタク〟系が生き生きできる」……。共学化が進む中、中高を「男」だけで過ごす利点は何か。現役教員や著名出身者の声を紹介しながら、受験ガイドではわからない各校の校風も一挙公開。大好評「男子校という選択」を大幅刷新して「男の園」をさらに徹底解剖する。

日経プレミアシリーズ 411

新・女子校という選択

おおたとしまさ

ジェンダーの壁を超えて、個性や能力を伸ばすには女子校が有利? いじめがある、男性を見る目が磨かれない……など、偏ったイメージがある女子校教育の実態とは。現役教員、著名出身者の声も幅広く紹介しながら、女子校の存在意義、そこで身につけられる価値を読み解く。受験ガイドではわからない各校の校風、教育理念も満載。

日経プレミアシリーズ 452

超進学校トップ10名物対決

おおたとしまさ

名物授業・名物行事・名物部活など、特徴的な「素顔」を密着取材。東大・京大・国公立大医学部の合格者数(5年間平均)でトップ10に名を連ねる超進学校の、合格実績を支える秘密を明らかにするとともに、「いい学校とはどんな学校か?」という普遍的な問いに迫る。コロナ禍で、学校説明会や文化祭、運動会の見学もままならないなか、中学受験を考える親子にとっても絶好の読み物。

日経プレミアシリーズ 408

モンスター部下

石川弘子

SNSで会社や取引先の誹謗中傷を垂れ流す若手社員、年下の上司に〝逆パワハラ〟を働くシニア社員、「働き方改革」を盾に仕事放棄するイクメン社員、義務を果たさず権利ばかり主張する女性社員——あり得ないようなトラブルを巻き起こす「モンスター部下」が増殖、管理職の頭を悩ませている。彼らの実態とタイプ分類、そして適切な対処について、社労士が解説する。

日経プレミアシリーズ 407

働かない技術

新井健一

生産性の低い会議に、自社社長の〝ご接待〟、「売上のため」に部下と残業……こんなことをしている人材はもう生き残れない？ ビジネス環境が安定・安泰から遠ざかるVUCAの時代、いまこそ「働かない」ためのスキルを必死で磨かなくてはならない。残業が蔓延し生産性を上げられない職場のボトルネックを人事管理の歴史からひもとき、ビジネスパーソンが身につけるべき真の「働く技術」を考える。

日経プレミアシリーズ 449

若者たちのニューノーマル

牛窪 恵

つながり重視だけど、「密」はイヤ。なりたい職業がないから「起業」。あこがれるのは「一体感」と「昭和の家族」。コロナ禍の若者たちは日々をどう過ごし、何を消費し、将来をどう考えているのか？ 親父と息子の入れ替わり物語と、キーワードで読み解く、Z世代の素顔。

日経プレミアシリーズ455

お殿様の定年後

安藤優一郎

江戸時代は泰平の世。高齢化が急速に進む中、大名達は著述活動、文化振興、芝居見物などで隠居後の長い人生を謳歌した。権力に未練を残しつつもそれぞれの事情で藩主の座を降りた後、時に藩の財政を逼迫させながらもアクティブに活動した彼らの姿を通じ、知られざる歴史の一面を描き出す。

日経プレミアシリーズ438

地形と日本人

金田章裕

私たちは、自然の地形を生かし、改変しながら暮らしてきた。近年頻発する自然災害は、単に地球温暖化や異常気象だけでは説明できない。防災・減災の観点からも、日本人の土地とのつき合い方に学ぶ必要がある。歴史地理学者が、知られざるエピソードとともに紹介する、大災害時代の教養書。

日経プレミアシリーズ439

新型コロナ　収束への道

花村　遼・田原健太朗

コロナ収束までのメインシナリオは「2年から3年」――。新型コロナとは、そもそもどんなウイルスなのか？　なぜ普通の風邪が重症化するのか？　治療薬・ワクチンは、いつどのような形で普及するのか？　コロナ後の社会、人々の価値観は？　最新エビデンスをもとに、医療・ヘルスケア、経済社会の近未来シナリオを描く。

日経プレミアシリーズ 453

安いニッポン「価格」が示す停滞

中藤 玲

日本のディズニーランドの入園料は実は世界で最安値水準、港区の年平均所得1200万円はサンフランシスコでは「低所得」に当たる……いつしか物価も給与も「安い国」となりつつある日本。30年間の停滞から脱却する糸口はどこにあるのか。掲載と同時にSNSで爆発的な話題を呼んだ日本経済新聞記事をベースに、担当記者が取材を重ね書き下ろした、渾身の新書版。

日経プレミアシリーズ 456

株式市場の本当の話

前田昌孝

株式投資はリターンの追求だけが目的ではない。資産保全、お気に入り企業の応援、老化防止、株主優待活用にも役に立つ。株価の動きには長期停滞の原因や、脱出のヒントも潜んでいる。東京株式市場の問題は日本経済の問題でもある。何が起きているのか、どうすべきかを掘り下げる。

日経プレミアシリーズ 450

新型コロナとワクチン 知らないと不都合な真実

峰 宗太郎・山中浩之

ワイドショーやネットには理解不足や誤解に基づく様々な新型コロナの情報があふれている。「知らないと不都合な」ウイルス、ワクチンの知識に絞り、ウイルス免疫学の専門家と素人の対話を通して、自分の頭で考える手がかりを提供する。新型コロナを冷静に、淡々と迎え撃とう。